Joseph Beck

Lehrbuch der allgemeinen Geschichte fuer Schule und Haus

Joseph Beck

Lehrbuch der allgemeinen Geschichte fuer Schule und Haus

ISBN/EAN: 9783741156656

Manufactured in Europe, USA, Canada, Australia, Japa

Cover: Foto ©Paul-Georg Meister /pixelio.de

Manufactured and distributed by brebook publishing software (www.brebook.com)

Joseph Beck

Lehrbuch der allgemeinen Geschichte fuer Schule und Haus

Lehrbuch
der
allgemeinen Geschichte
für
Schule und Haus.

Von

Dr. Joseph Beck,
Großherzoglich Badischem Geh. Hofrath.

———

Vierter Cursus.

Zweite und dritte Abtheilung

Geschichte von England, Polen und Rußland.

———

Dritte umgearbeitete bis auf die neueste Zeit fortgesetzte Auflage.

Hannover.
Hahn'sche Hofbuchhandlung.
1872.

Geschichte
von
England, Polen und Rußland.

Ein Hand- und Lehrbuch
von

Dr. Joseph Beck,

Großherzoglich Badischem Geh. Hofrathe.

Zweite und dritte Abtheilung.

Geschichte von England, Polen und Rußland.

Dritte umgearbeitete bis auf die neueste Zeit fortgeführte Auflage.

Hannover.
Hahn'sche Hofbuchhandlung.
1672.

Vorwort

Die vorliegende Schrift, welche die zweite und dritte Abtheilung des vierten Bandes meines historischen Hand- und Lehrbuches enthält, behandelt die englische und die polnisch-russische Geschichte.

In der äußern Einrichtung ist in Folge der neuen Ausgabe die Aenderung eingetreten, daß diese beiden Abtheilungen, gleichwie die erste, welche die Geschichte Frankreichs enthält und diese bis auf den Frankfurter Friedensabschluß vom 10. Mai 1871 fortführt, auch apart als selbstständige Schrift ausgegeben werden, um vielfachen Wünschen zu entsprechen.

Uebrigens ist die neue Bearbeitung vielfach erweitert, ergänzt und bis auf die neuesten Tage fortgeführt worden. Hierbei blieben die Grundsätze, welche bei der Umarbeitung der vorhergehenden Theile befolgt wurden, auch hier maaßgebend, nämlich bei möglichster Gedrängtheit der Darstellung doch ein klares und anschauliches Bild von der innern Entwicklung und der äußern Ausbildung der Staaten zu geben.

Möge in solcher Weise dieser historische Grundriß seinem Zwecke, als übersichtlicher Leitfaden für den Lehr- wie für den Privatgebrauch zu dienen, entsprechen und willkommen sein!

December 1871.

Der Verfasser.

Inhalt.

Zweite Abtheilung. Geschichte von England.

I. Periode. Vom Beginne angelsächsischer Königreiche in Britannien bis auf die Herrschaft der Tudor's. 450—1485.

§. 1. Die britischen Inseln.
England unter angelsächsischen Königen.
§. 2. Alfred der Große.
§. 3. Alfred's Nachfolger. Die dänische Oberherrschaft.
Die normännische Dynastie 1066—1154.
§. 4. Wilhelm der Eroberer.
Das Haus Plantagenet oder Anjou 1154—1486.
§. 5. Heinrich II. Richard Löwenherz.
§. 6. Johann ohne Land. Entwickelung der englischen Verfassung.
§. 7. Fortsetzung. Die drei Eduarde.
§. 8. Eduard's III. Nachkommen. Krieg der beiden Rosen.
§. 9. Fortsetzung.

II. Periode. Das Haus Tudor 1485—1603.

§. 10. Heinrich VII.
§. 11. Heinrich VIII. Die Reformation in England.
§. 12. Die Königin Elisabeth.
§. 13. Schottland. Maria Stuart.

III. Periode. Das Haus Stuart 1603—1714.

§. 14. Jakob I.
§. 15. Karl I.
§. 16. Die englische Revolution.
§. 17. Fortsetzung.

§. 18. England als Republik (1649—1660).
§. 19. Fortsetzung.
§. 20. Die Englische Restauration.
§. 21. Die zweite englische Revolution. Jakob II. Wilhelm III.

IV. Periode. Das Haus Hannover 1774—.

§. 22. Uebersicht.
§. 23. Georg I. — Georg II. — Georg III.
§. 24. Der nordamerikanische Freiheitskrieg 1774—1783.
§. 25. Fortsetzung.
§. 26. Die englische Herrschaft in Ostindien.
§. 27. Georg IV. Wilhelm IV.
§. 28. Die Königin Victoria.
§. 29. Fortsetzung.

Dritte Abtheilung. Geschichte von Polen und Rußland.

§. 30. Die Slaven und ihre Stämme.
§. 31. Die Polen.
§. 32. Polen unter den Jagellonen 1386—1572.
§. 33. Polen unter den Wahlkönigen.
§. 34. Fortsetzung.

Rußland.

§. 35. Die Russen. Das Haus Rurik.
§. 36. Die Mongolen in Rußland.
§. 37. Das Haus Romanow. Peter I.
§. 38. Der nordische Krieg. 1700—1721.
§. 39. Fortsetzung.
§. 40. Der Friede zu Nystadt.
§. 41. Peter der Große und seine Nachfolger.
§. 42. Das Haus Holstein-Gottorp. Katharina II.
§. 43. Die Theilung Polens.
§. 44. Polens zweite und dritte Theilung.
§. 45. Paul I.
§. 46. Alexander I.
§. 47. Nikolaus I.
§. 48. Der orientalische Krieg 1853—56.
§. 49. Alexander II.

Zweite Abtheilung.

Geschichte Englands.

I. Periode.

Vom Beginne angelsächsischer Königreiche in Britannien bis auf die Herrschaft der Tudor's. 450—1485.

§. 1.
Die britischen Inseln.

1) Die britischen Inseln [1] wurden schon frühe von den seefahrenden Völkern des Alterthums, von Phöniziern, Karthagern und Griechen, hauptsächlich des Zinnhandels wegen besucht. Den Römern war Britannien seit der Eroberung Galliens durch Cäsar bekannt geworden. Doch hatte die zweimalige Landung desselben (54 und 55) vorerst keine weitere Folgen, als daß die Römer seitdem mit der Insel Handelsverbindungen unterhielten. — Die römische Eroberung geschah im ersten Jahrhundert der Kaiserherrschaft, zuerst unter Kaiser Claudius, unter dem seit 43 zunächst die südöstlichen Gebiete, dann besonders unter den Kaisern Vespasian und Domitian durch Julius Agricola (78—85), der den größeren Theil des eigentlichen Britanniens nördlich bis zu den Meerbusen des Clyde und Forth zur römischen Provinz (Britannia romana) machte.

2) Die ältesten Bewohner des heutigen Englands gehörten, wie die Irlands und zum größten Theile auch Schottlands, zum keltischen Volksstamme. Sie schieden sich in zwei Zweige, die Wälen oder Briten, die das jetzige England, und die Gälen oder Scoten, die Irland und das Hochland von Schottland inne hatten. Die geistige Entwickelung dieser Inselbewohner stand noch niedriger als die der keltischen Völkerschaften auf dem benachbarten Festlande. Auch die römische Bildung und Sprache übten dort weniger bleibenden Einfluß als in den andern Provinzen des westlichen Römerreiches.

3) Den Besitz Britanniens hatten die Römer zuerst wieder aufgegeben, indem sie zur Vertheidigung der nähern Provinzen ihre Legionen allmählich zurückzogen und die Einwohner sich selbst überließen (zwischen 412—427).

Nach dem Abzuge der Römer aus Britannien hatten die Briten viel durch die räuberischen Einfälle der wilden Stämme des Nordens zu leiden. Da rief um die Mitte des 5. Jahrhunderts einer der britischen Fürsten germanische Schaaren vom Festlande zu Hilfe. Seitdem ließen sich **Angeln, Sachsen** und **Jüten**, von den Nordküsten Deutschlands kommend, mit ihren Häuptlingen, unter denen die Brüder **Hengist** und **Horsa** genannt werden, in Britannien nieder. Diese und nachrückende Schaaren setzten sich in Britannien selbst fest und verdrängten im Laufe des 5. und 6. Jahrhunderts in langen Vertilgungskämpfen (besonders gegen den in der Sage gefeierten König **Arthur**, um 510) die Briten. Die Heerführer der germanischen Ankömmlinge stifteten allmählich sieben Königreiche: **Kent** (südlich von der Themse), **Wessex** (Westsachsen), **Sussex** (Südsachsen), **Essex** (Ostsachsen), **Northumberland, Ostangeln, Mercia**, in Grafschaften (Shires), diese in kleinere Gemeinschaften (Zehnte, Hunderte) getheilt mit acht germanischen Staatseinrichtungen. **Freie Briten** erhielten sich nur in den westlichen Gebirgen von **Wales**, wo bis heute die keltische Sprache sich erhalten hat, und in **Cornwales**, der Südwestspitze Englands. Andere wanderten aus nach **Armorica**, der gegenüberliegenden Küste Galliens, davon **Bretagne** genannt.

4) So entstand in England eine vorherrschend **germanische** Bevölkerung; selbst ihre angelsächsische Sprache behaupteten die deutschen Ansiedler in der neuen Heimath. Uebrigens begann die Bildung der **Angelsachsen** erst mit ihrer Bekehrung zum **Christenthum**. Dieses war unter den **Briten** noch unter römischer Herrschaft (schon gegen Ende des 2. Jahrhunderts) ausgebreitet worden, und gab es unter ihnen christliche Gemeinden. Die Bekehrung der **Angelsachsen** ging von **Rom** aus. Dort hatte der Abt **Gregor** heidnische angelsächsische Sklaven losgekauft und sie in der christlichen Religion unterrichtet. Als **Gregor** der Große auf dem päpstlichen Stuhle sitzend sendete er den römischen Abt **Augustin** mit einer Anzahl Mönche nach Britannien, um unter den Angelsachsen das Evangelium zu verkündigen (um 596). Sie landeten in **Kent**, wo die christliche Gemahlin des Königs **Edelberth, Bertha**, eine fränkische Königstochter, ihr Unternehmen förderte. Schon im folgenden Jahre (597) ließ sich **Edelberth** mit vielen Angelsachsen in seiner Residenz **Canterbury** taufen, und bald nach der Mitte des 7. Jahrhunderts war der größte Theil des angelsächsischen Volkes für das Christenthum gewonnen. **Gregor** ernannte den Abt **Augustin** zum ersten Erzbischofe von **Canterbury** und einen seiner Begleiter zum Bischofe von **London**. Die alte britische Kirche wurde mit der römisch-katholischen vereinigt und ein gleichförmiger Gottesdienst eingeführt (um 664). Seitdem führte der Erzbischof von Canterbury den Titel eines Pri-

was von England, und kam dieses in enge Verbindung mit dem römischen Stuhle.[1]

5) Gelehrte Bildung und Kunstfleiß folgten der Bahn des Christenthums. Kirchen wurden erbaut, Klöster gestiftet und mit diesen Bildungsanstalten (besonders zu York) verbunden, aus denen bald im ganzen Abendlande berühmte Namen, wie Beda der Ehrwürdige, Alcuin, Johannes Erigena, hervorgingen. Insbesondere fühlten sich die Angelsachsen getrieben, als christliche Missionäre die ihnen gewordenen geistigen Segnungen ihren heidnischen Stammesgenossen auf dem Festlande zu bringen.

6) In Schottland waren die Pikten in den Ebenen germanischen, die Scoten, irische Einwanderer, in dem Hochlande keltischen Stammes. Beide Völker standen unter eigenen Königen, bis der Scotenkönig Kenneth die Pikten besiegte und beide Reiche unter dem Namen Schottland vereinigte (842). — Das Christenthum ward hier durch die schon frühe unter der römischen Herrschaft christlich gewordenen Briten, besonders aber durch den Irländer Columban (um 590) verbreitet.

7) Irland, dessen älteste Geschichte sehr dunkel ist, begreift in frühester Zeit viele kleine Reiche, die allmählich in fünf vereinigt wurden. Die Iren, keltischen Stammes, lernten das Christenthum kennen durch den heiligen Patrik (einen Schotten um 440).

[1] Von den britischen Inseln wurde die größere östliche, das heutige England und Schottland, unter dem Namen Britannia (bei den Griechen Albion genannt) begriffen, die kleinere westliche unter dem Namen Hibernia (bei den Griechen Jerne).
Zur Literatur: J. M. Lappenberg, Geschichte von England. 2 Bde. 1834—37, fortgesetzt von Pauli, 3. u. 4. B. 1853—55.
D. Hume, History of England. 8 Bde. 1752. Deutsch 1762 f.
Lingard, History of England. 14 Bde. 1825 ff. Deutsch von Salis 1827 ff.
Macintosh, Geschichte von England. Deutsch von Wurm. 1830 ff.
Lindau, Geschichte Schottlands. 4 Bde. 1826 ff.
Thom. Krighten, Geschichte von England. Deutsch von J. R. Demmler. 2 Bde. 1850.
Charles Dickens, Geschichte Englands. 3 Bde. 1852—54.
Robertson, History of Scotland. 2 Bde. 1759. Deutsch 1764.
W. Scott, History of Scotland. Deutsch von Bärmann. 7 Bde. 1830 f.
The history of Ireland by Th. Moore. 1835. Deutsch von Schäfer. 1835.
Geschichte Englands seit dem Regierungsantritte Jacobs II. von Lb. B. Macaulay. 5 Bde. 1849—61. Deutsch von Bülau und Andern, klassisches Geschichtswerk der neueren Zeit.

[2] König Offa von Mercien stiftete in der zweiten Hälfte des 8. Jahrhunderts zu Rom ein Collegium zur Ausbildung angelsächsischer Geistlichen, zu deren Erhaltung jede Familie jährlich einen Pfennig zahlen sollte. Dies der Anfang des sogenannten Peterspfennig, der Anlaß zu vielem Streit mit den Päpsten.

England unter angelsächsischen Königen.

§. 2.
Alfred der Große.

1) Die sieben kleinen angelsächsischen Reiche (die sog. Heptarchie) wurden nach vielen Kämpfen unter einander von Egbert, König von Wessex, der aus seinem Vaterlande vertrieben einige Zeit am Hofe Karl's des Großen gelebt hatte, zu einem einheitlichen Reiche vereinigt (um 827). Er selbst nannte sich zuerst König von Anglien (Land der Angeln, England), und die Bewohner wurden von nun an nach dem einem Stamme mit dem Gesammtnamen Angeln (Engländer) bezeichnet.¹)

2) Aber um dieselbe Zeit begannen auch die Einfälle der räuberischen Normannen oder der Dänen, wie man jene in England nannte. Ueber zwei Jahrhunderte dauerte der Kampf zwischen den beiden germanischen Stämmen; alle Gräuel, welche die keltischen Briten von den Angelsachsen erduldet hatten, erlitten jetzt diese von ihren noch wildern nordischen Stammgenossen. Bald hatten jene, bald diese die Oberhand. Erst als allmählich die Zuzüge aus dem Norden aufhörten und die in England angesiedelten Dänen von den Angelsachsen das Christenthum angenommen hatten, verschmolzen nach und nach beide Stämme und ihre Mundarten gingen in einander über.

3) Schon unter Egbert's nächsten Nachkommen, seinem Sohne (Ethelwulf) und seinen Enkeln, hatten dänische Schaaren in dem größten Theile Englands die Oberhand gewonnen. Da trat Alfred der Große (871—901), Egbert's jüngster Enkel, als Befreier auf. Auch er hatte in seiner Jugend längere Zeit am fränkischen Königshofe verbracht und hatte dort Eindrücke für höhere Bildung empfangen. Als er nach dem Tode seines ältern Bruders Ethelred im Jahre 861 von den Angelsachsen zum Herrscher erhoben wurde, kämpfte er Anfangs unglücklich gegen die Dänen. Er mußte sogar verkleidet flüchten und irrte einige Zeit in den Wäldern Sommersets umher, bald aber überfiel er mit seinen Getreuen einzelne Schaaren der Dänen und zwang sie zum Abzuge; Andere bewog er zur Annahme des Christenthums und zur Lehnshuldigung, so die dänischen Häuptlinge in Northumberland und Ostangeln.

4) Noch mehr ward Alfred, der größte der angelsächsischen Könige, durch eine weise Verwaltung und durch Pflege der Gesittung der Wiederhersteller der angelsächsischen Nationalität. Die Durchführung der altgermanischen Gauverfassung mit der Eintheilung des Volkes in Grafschaften (Shires), Hunderte (Hundreds) u. s. w. ward die Grundlage der englischen Verfassung, die von ihm zur Bewachung der Küsten erbaute Flotte von 120 Schiffen der Anfang der englischen Seemacht. Die zerstörten Städte,

Klöster und Schulen wurden wieder hergestellt, die Gesetze der Angelsachsen gesammelt und die Rechtspflege so geordnet, daß eine zum Sprichwort gewordene Sicherheit an die Stelle der frühern Gewaltthätigkeit trat. Zur Förderung der geistigen Bildung des Volkes übersetzte er selbst lateinische Werke in's Angelsächsische, wie des Vorthius Schrift über die Tröstungen der Philosophie, Beda's englische Kirchengeschichte, des Orosius allgemeine Geschichte, die Psalmen u. a. Werke, deren Wahl den trefflichen Sinn dieses edlen Regenten beurkunden, der zugleich ein Vater der Armen durch die größte Sparsamkeit und Ordnung in seinen Einkünften die Mittel zur Unterhaltung seiner segensreichen Schöpfungen gewann. *)

¹) Bei ihren keltischen Nachbarn behielten indeß die Engländer den Namen Sachsen.
*) Fr. L von Stolberg, Leben Alfred des Großen. 1817. — Pauli, König Alfred und seine Stelle in der Geschichte Englands. 1851. — Weiß, Alfred der Große. 1852.

§. 3.
Alfred's Nachfolger.   Die dänische Oberherrschaft.

1) Auch Alfred's erste Nachfolger bewährten dessen Wackerheit in Abwehr der Dänen, als diese ihre Einfälle wiederholten. Seit 916 kamen aber die schwachen Könige unter den Einfluß des Mönchs Dunstan, der, zum Erzbischof von Canterbury erhoben (959), mehrere Regierungen hindurch Staat und Kirche beherrschte. Er hob das Mönchswesen und führte das Cölibat der Geistlichkeit trotz heftigen Widerstandes ein. Doch sorgte er auch zugleich für gute Wehr gegen die Dänen.

2) Nach Dunstan's Tode (988) begann unter dem Könige Ethelred (978—1016) die Dänennoth von neuem. Er hatte sich wiederholt durch Geld mit den Dänen abgefunden; als aber dennoch die übermüthigen Feinde im Lande blieben, so wußte er keinen andern Rath, als durch Meuchelmord sich ihrer zu entledigen. Auf geheim gehaltenen Befehl des Königs wurden an einem Tage (13. Nov. 1002) die in England zerstreuten Dänen überfallen und getödtet (Dänenblutbad). Dies zu rächen, landete der Dänenkönig Swen drei Jahre nach einander an der englischen Küste und verwüstete das Land auf's schrecklichste. Zwar ließ er sich für eine große Geldsumme, das sogen. Danegeld, das als Grundsteuer erhoben wurde, zum Abzuge bewegen, kam aber nach einigen Jahren wieder und eroberte England (1013). Ethelred entfloh zu seinem Schwiegervater, dem Herzog Richard II. von der Normandie.

3) Swen hinterließ England seinem Sohne Knut dem Großen (1014—1035). Dieser trat zum Christenthum über, heirathete des gestorbenen Ethelred's Wittwe und beruhigte hierdurch die Angelsachsen. Nach dem Tode seines Bruders Harald

(1016) gelangte er auch in den Besitz von Dänemark, und bald mußten auch Norwegen und Schottland seine Hoheit anerkennen. Unter der kräftigen und umsichtigen Regierung dieses Regenten faßte das Christenthum in dem scandinavischen Norden allmählich feste Wurzeln, was einen geordneten Staatszustand und damit das Aufhören der bisherigen Raubzüge herbeiführte.

4) Nach Knut's Tode (1035) ward das Reich unter seine Söhne getheilt. Harald Harefoot (Hasenfuß), dem durch die Gunst der dänischen Großen in England dies Land zugefallen war, und sein Halbbruder Hardiknut (Knut der Harte) starben schon nach kurzer Regierung ohne Erben (1041). Hierauf beriefen die Angelsachsen Ethelred's jüngern Sohn, Eduard III. den Bekenner, der am Hofe des Herzogs der Normandie lebte, wieder auf den Thron.

5) Eduard (1041—1066), der letzte König der angelsächsischen Dynastie, verband sich enge mit den bereits romanisirten Normannen in der Normandie, wo er seine Jugend zugebracht und seine Bildung erhalten hatte, und begünstigte die Einführung ihrer Sprache und Sitten. Denn jene Normannen, die im Anfange des zehnten Jahrhunderts unter ihrem Führer Rollo die französische Küste an der untern Seine in Besitz genommen hatten, ragten bereits durch vielfache Bildung, feine Sitten und kriegerischen Ruf in der Christenheit hervor. Eduard berief viele ihrer Geistlichen und Großen nach England, und verlieh ihnen wichtige Kirchenämter und Lehen. So bereitete er selbst eine neue Eroberung Englands vor.

6) Denn nach Eduard's kinderlosem Tode (5. Jan. 1066) erhob zwar die angelsächsische Partei den Sohn des mächtigen Grafen Godwin von Wessex, Harald, Eduard's Schwager, auf den Thron. Aber bald landete der kriegerische Herzog Wilhelm von der Normandie, der seinem Vater Robert II. (der Teufel) (seit 1035) im Herzogthum gefolgt war, mit einem Heere von 60,000 Normannen an der Südküste Englands, die Krone beansprechend, die, wie er angab, sein Freund und Verwandter, König Eduard ihm verheißen und der Papst ihm geschenkt habe. In der blutigen Schlacht bei Hastings verlor Harald gegen den Normann Thron und Leben (14. Oct. 1066). Noch in demselben Jahre (am 25. Dec.) wurde Wilhelm im Westmünster zu London als König von England gekrönt.

Die normännische Dynastie 1066—1154.

§. 1.
Wilhelm der Eroberer.

1) Mit Wilhelm dem Eroberer (1066—1087) ging England einer großen Umwandlung entgegen¹). Der Eroberer befestigte

nach der Schlacht von Hastings seinen Thron mit Einsicht und Kraft, aber auch mit äußerster Härte und oft blutiger Strenge, da die unterdrückten Angelsachsen, aus deren Händen der Grundbesitz in die der herrschenden Normannen übergegangen war, stets zu Empörungen geneigt waren. Zur Befestigung seiner Macht führte nämlich König Wilhelm das französische Lehnswesen zu Gunsten der normännischen Barone ein. Dadurch schwand der freie Grundbesitz; ganz England ward in 700 große Baronien und in 60,215 Ritterlehen (knight fees) eingetheilt, deren Inhaber, unmittelbare und mittelbare, dem Könige den Lehnseid leisten mußten. Die großen Baronien wurden nur an Normannen vertheilt, und diese auch bei den Ritterlehen vorzugsweise berücksichtigt. Auch die höhern geistlichen Stellen kamen in die Hände der Normannen. Zugleich behielt sich Wilhelm große Domänen, besonders Forsten, als Krongut vor und unterwarf auch die Güter der Geistlichen den Lehnslasten. Um stets eine genaue Kenntniß von dem Zustande des Landes zu haben, ließ Wilhelm ein statistisches Verzeichniß aller Grafschaften, Güter, Lehen mit ihren Inhabern, Bewohnern, Lasten u. s. w. (das noch vorhandene sogen. Domesday-book) verfertigen.

2) Die Einrichtungen Wilhelm's des Eroberers, durch welche die Kriegsmacht des Landes enge mit den Verhältnissen des Grundeigenthums verflochten wurde, legten die Herrschaft in die Hände der normännischen Eroberer, insbesondere der großen Barone, die als der Adel des Reiches bis in's dreizehnte Jahrhundert allein des Königs Rath oder Parlament bildeten. Französische Sprache und Sitten waren die des Hofes und der höhern Gesellschaft. Die englische Bevölkerung, vom öffentlichen Leben überall zurückgedrängt, schien mit dem Verlust ihrer Sprache und Nationalität bedroht. Dazu kam, daß diese neuen Herrscher Englands, meist durch kriegerischen Muth und Glanz sich auszeichnend und zugleich als Herzoge der Normandie mächtiger als ihre Lehnsherren, die Könige von Frankreich, diese gänzlich zu verdrängen suchten. Wäre ihnen dies gelungen, so würde England eine Provinz von Frankreich geworden sein. Daß sie in diesem Versuche zuletzt unterlagen und nach einem anderthalbhundertjährigen Kampfe aus der Normandie verdrängt wurden, rettete Englands selbstständige nationale Entwickelung.

3) Denn dort hatte die angelsächsische Bevölkerung auch während der langen Unterdrückung ihre nationale Sprache und Gesittung mit jener Zähigkeit bewahrt, welche den deutschen Sachsenstamm besonders auszeichnet. Seit die normännischen Herren durch das Meer vom Festland abgeschlossen und auf die Insel beschränkt waren, verschmolz daher diese Minderheit in ihren Interessen und Gefühlen mit der großen Mehrheit der englischen Bevölkerung schon im Anfange des 14. Jahrhunderts so gänzlich, daß der verhältnißmäßig geringe französische Bestandtheil der englischen Sprache fast allein das Andenken der normännischen Eroberung bewahrt.

4) Von **Wilhelm's** Söhnen folgten nach dem Willen des Vaters der jüngere **Wilhelm II.** der Rothhaarige (Rufus, 1087—1100) als König von England, der ältere **Robert** (Courthose, Kurzhose) als Herzog der Normandie. Robert versuchte zwar Ansprüche auf die englische Krone zu erheben, mußte ihr aber entsagen und verpfändete selbst die Normandie für 10,000 Mark seinem Bruder, um Geld zum ersten Kreuzzuge, den er mitmachte, zu erhalten. König **Wilhelm** verlor sein Leben auf der Jagd, worauf der jüngste Bruder

5) **Heinrich** I. (Beauclerc, 1100—1135) sich sofort des Thrones bemächtigte, auf dem er sich durch Ertheilung des ersten Freiheitsbriefes, der den Lehnsdruck etwas milderte, zu befestigen wußte. Doch kam es zum Kampfe, als der älteste Bruder Robert, vom Kreuzzuge zurückgekehrt, seine nähern Ansprüche gellend machen wollte. Aber dieser ward in der Normandie besiegt und starb in der Gefangenschaft. König **Heinrich** vereinigte nun auch die Normandie mit seiner Krone. Vergebens hatte König Ludwig VI. von Frankreich die Waffen für den Sohn des gefangenen Robert, Wilhelm Clito, ergriffen.

6) Vielmehr ließ **Heinrich** I., nachdem sein einziger Sohn bei einer Ueberfahrt nach England ertrunken war, seiner Tochter **Mathilde**, der Wittwe des deutschen Kaisers **Heinrich V.**, die Thronfolge zusprechen und vermählte sie in zweiter Ehe mit dem Grafen **Gottfried Plantagenet**[1]) von Anjou. Dennoch wußte nach **Heinrich's** Tode sein Schwestersohn[2]), Graf **Stephan von Blois**, durch einen neuen Freiheitsbrief die Großen zu gewinnen, mit deren Hilfe er des Thrones sich bemächtigte. Der hierüber zwischen ihm und **Mathilde** ausgebrochene Thronstreit ward dadurch beigelegt, daß er Mathildens Sohn, **Heinrich Plantagenet**, adoptirte, der ihm auch nach seinem Tode auf dem Throne folgte (1154).

[1]) Thierry, Histoire de la conquête de l'Angleterre par les Normands. 4. Bde. 7. Aufl. 1842.
[2]) Der Name kommt von der Ginsterpflanze (planta genista), welche dies Geschlecht auf dem Helme zu tragen pflegte.
[3]) Wilhelm's des Eroberers Tochter, Abele, war mit dem Grafen von Blois vermählt.

Das Haus Plantagenet oder Anjou 1154—1486.

§. 5.
Heinrich II. Richard Löwenherz.

1) **Heinrich II.** (1154—1189), mit welchem das Haus Anjou oder Plantagenet den englischen Thron bestieg, be-

herrschte zugleich, da er durch seine Gemahlin Eleonore auch Guyenne, Poitou erworben hatte, etwa den dritten Theil von Frankreich. Auch zwang Heinrich die noch freien Briten von Wales, seine Hoheit anzuerkennen, und unterwarf das von innern Fehden zerrüttete Irland, als einer der dortigen fünf Könige ihn gegen die übrigen zu Hülfe rief (nm 1171). Seitdem waren die Könige von England auch Herrscher von Irland. Zum Ueberfluß hatte der Papst in einer Bulle dies Land dem Könige zum Geschenke gemacht.

2) Uebrigens nahm England unter dem ersten Plantagenet einen neuen Aufschwung. Denn Heinrich II. war ein durch große Eigenschaften ausgezeichneter Fürst. Er schwächte den übermächtigen Einfluß der großen Vasallen, indem er ihnen gestattete, die Lehndienste durch eine bestimmte Geldleistung (Scutagium) abzukaufen. Dagegen berief er die kleinen Grundeigenthümer zum Heerdienst. Insbesondere sorgte er für bessere Rechtspflege; das Reich wurde in sechs Gerichtsbezirke getheilt, die Gottesurtheile abgeschafft und die Assisen eingeführt. Die Städte wurden durch Ertheilung wichtiger Freiheiten und Privilegien, Handel und Verkehr durch Aufhebung des Strandrechts gehoben.

3) Dagegen gerieth er mit der Geistlichkeit, deren große Macht und Anmaßungen für die Selbstständigkeit des Reichs gefährlich wurden, in bittern Streit. Der König hatte seinen frühern Liebling, den Kanzler Thomas Becket, zum Erzbischof von Canterbury erhoben. Dieser vertauschte jetzt den Genuß des Hoflebens mit der strengsten Askese und kam auch bald mit dem Könige über die Stellung und die Privilegien der Geistlichkeit in heftigen Widerspruch. Ein Parlament zu Clarendon (1164) setzte nämlich fest, daß die Geistlichen in weltlichen Dingen gleich den übrigen Unterthanen von den weltlichen Gerichten und in oberster Instanz von dem Könige gerichtet werden sollten. Auch wurden die Berufungen der Geistlichen nach Rom beschränkt. Becket hatte diese constitutiones Clarendonenses ebenfalls beschworen, widerrief jedoch bald und entfloh nach Frankreich, da der König ihn als einen treubrüchigen Vasallen behandeln wollte. Indeß söhnte sich der auch von dem deutschen Kaiser Friedrich I. gedrängte Papst Alexander III. mit dem Könige Heinrich aus, und Thomas Becket kehrte nach England zurück, jedoch ohne seine Ansprüche gemildert zu haben. Da geschah es, daß er auf eine wenig besonnene Aeußerung des Königs von vier Rittern am Altare ermordet wurde (1170). Jetzt sprach der Papst den Bann, und Becket ward für heilig erklärt. Schon brachen gefährliche Unruhen im Lande aus, da gab Heinrich den Forderungen des Papstes nach und wallfahrtete zu dem Grabe des Gemordeten, Buße zu bezeigen.

4) Noch hatte König Heinrich Empörungen seiner eigenen Söhne, Heinrich, Gottfried und Richard, zu bekämpfen; denn

jene, von ihrer ränkesüchtigen Mutter Eleonore aufgereizt, verlangten die Abtretung der französischen Lehen und fanden an den Königen von Frankreich und Schottland Unterstützung. Aber Heinrich schlug den schottischen König Wilhelm, nahm ihn gefangen und zwang ihn zur Lehnshuldigung (1174). König Ludwig VII. mußte aber die Belagerung von Rouen aufheben und Frieden annehmen. Die beiden ältern Söhne starben noch vor dem Vater, so daß nach dessen Tode der dritte Sohn

5) Richard I. Löwenherz (1189—1190) folgte, durch persönliche Tapferkeit und Kühnheit alle Ritter seiner Zeit überstrahlend, aber durch Unbesonnenheit und Leidenschaftlichkeit des Charakters zum Regenten wenig geeignet. Um Geld für seinen Kreuzzug (1190) zu erhalten, erließ er dem schottischen Könige für 10,000 Mark sein Lehnsverhältniß und verkaufte die wichtigsten Aemter. Richard's Haft in Deutschland wollten sein jüngster Bruder Johann und König Philipp August von Frankreich benutzen, um die Besitzungen auf dem Festlande unter sich zu theilen. Daher nach Richard's endlicher Befreiung (1194) erneuter Krieg mit Frankreich. Doch ward jener, als er einen seiner Vasallen in seinem Schlosse in der Normandie umlagerte, durch einen Bogenschützen schon 1199 tödtlich verwundet.

§. 6.
Johann ohne Land. Entwickelung der englischen Verfassung.

1) Johann ohne Land¹) (1199 — 1216), Richard's schwacher und lasterhafter Bruder und Nachfolger, war fortwährend in Fehden mit Frankreich und mit den aufstrebenden Baronen begriffen. Folgenreich ward der Streit, in den Johann wegen der Wahl eines Erzbischofs von Canterbury mit Innocenz III. gerieth. Als nämlich bei einer zwiespaltigen Wahl für die erste Kirchenwürde Englands der Papst die Erhebung des Cardinal Stephan Langton auf den Erzstuhl von Canterbury bewirkte, widersetzte sich König Johann, der seine Rechte verletzt glaubte, benahm sich aber hierbei willkürlich und grausam. Vergebens warnte Innocenz III. Nach längern Verhandlungen belegte der Papst England mit dem Interdicte (1208) und erklärte den gebannten König der Krone für verlustig (1211), als dieser die Geistlichen, welche sich weigerten, Gottesdienst zu halten, durch bewaffnete Schaaren aus dem Lande treiben und deren Güter einziehen ließ. Die Unterthanen wurden von dem Papste des Eides der Treue entbunden und König Philipp von Frankreich zur Vollstreckung des Bannes eingeladen. Als zu gleicher Zeit auch die Barone sich schwierig zeigten und gegen Johann auftraten, so knüpfte dieser mit dem Papste Unterhandlungen an und unterwarf sich dem römischen Stuhle unter schimpflichen Bedingungen: er willigte nicht nur in die Einsetzung des Cardinals

— 13 —

Langton und in die Restitution der eingezogenen geistlichen Güter, sondern er verstand sich sogar, die Krone von England und Irland in die Hände des Papstes niederzulegen und sie als päpstliche Lehen wieder zu empfangen; hierfür hatte der König einen jährlichen Lehnzins von 1000 Mark Silber nach Rom zu zahlen (1213).

2) In solcher Lage wurde König Johann von dem aufgestandenen Adel in Verbindung mit dem Clerus gezwungen, den großen Freiheitsbrief (die Magna charta libertatum) zu unterzeichnen (19. Juni 1215), der in Zukunft der despotischen Willkür des Herrschers Schranken setzen sollte. Es wurden darin der Geistlichkeit Freiheit der Wahlen und Befreiung von der weltlichen Gerichtsbarkeit, und den Lehensträgern Ermäßigung der Lehnsgebühren zugesichert; ferner ward versprochen, daß ohne Bewilligung des Adels und der Geistlichkeit auf den Reichsversammlungen keine Steuern erhoben und keine Anlagen gemacht, den Städten keine willkürliche Zölle auferlegt und kein freier Mann, es geschehe denn durch ein Gericht von seines Gleichen, verfolgt und verurtheilt werden solle. Die Magna charta wurde die Grundlage der unter fortwährenden Kämpfen mehr und mehr sich erweiternden Freiheiten des englischen Volkes. König Johann wollte sich zwar der eingegangenen Verpflichtungen wieder entziehen, indem er den Papst beredete als Oberlehnsherr in einer Bulle die Freiheiten der Magna charta zu verdammen. Johann starb jedoch während des hierüber ausgebrochenen Bürgerkrieges. Auch unter seinem Sohne und Nachfolger

3) Heinrich III. (1216—1272) wurde die Magna charta mehrmals verletzt, von neuem bestätigt und zuletzt wesentlich erweitert. Die Verschwendungen dieses Königs, seine Begünstigung des herbeigerufenen fremden Adels, seine und des Papstes willkürliche Erpressungen führten nämlich zu wiederholten Aufständen und zum Kriege gegen den König. Der Graf von Leicester (der Sohn Simons von Montfort) an der Spitze der Barone nahm den König und seinen Bruder Richard in der Schlacht bei Lewes (1264) gefangen und berief nun, um das Volk zu gewinnen, zum erstenmal Abgeordnete der Grafschaften, Städte und Flecken neben den Baronen und Prälaten zum Parlamente (1265), wo sie bald neben den Lords eine besondere Versammlung bildeten. Dies war der Anfang des Hauses der Gemeinen (house of commons), des Vorbildes aller repräsentativen Verfassungen des neuern Europa.

*) So genannt, weil er als minderjährig beim Tode seines Vaters noch kein Leben besaß.

§. 7.

Fortsetzung. Die drei Eduarde.

1) Die Revolution von 1265 hatte den festen Grundpfeiler der englischen Verfassung geschaffen. Denn die dadurch bewirkte Vertretung aller Glieder des Volkes im Parlamente blieb erhalten,

wiewohl noch in demselben Jahre der Kronprinz Eduard seinen Vater aus der Haft befreit und über Leicester und seine Partei bei Evesham obsiegt hatte. Von nun an begannen die großen Grundsätze der englischen Verfassung sich mehr geltend zu machen, nämlich, daß der König ohne Zustimmung des Parlaments keine Gesetze geben, insbesondere keine Steuern auflegen könne, und daß seine Verwaltung den Gesetzen des Landes gemäß sein müsse, folglich seine Rathgeber und Minister dem Lande für ihre Handlungen verantwortlich seien. Aber es waren noch Jahrhunderte und neue zum Theil blutige Umwälzungen erforderlich, bis diese weitgreifenden Grundgesetze, von den Herrschern oft verletzt, von den Parteien oft verwirrt, aber stets wieder aufrecht erhalten, in natürlicher Entwickelung ein Staatsleben schufen, das an Größe materieller und geistiger Macht, der öffentlichen und Privatwohlfahrt lange, einzig in der neuern Geschichte bastand.

2) Eduard I. (1272—1307), voll Kraft und Klugheit, unterwarf das Fürstenthum Wales vollends der Krone und vereinigte es mit England (1283). Da er seinen ältesten Sohn damit belehnte, so entstand von nun an der Titel: Prinz von Wales für den jeweiligen englischen Thronerben.

3) Auch in Schottland stellte Eduard I. Englands Einfluß her. Dort war das königliche Haus Kenneth (1286) erloschen. Unter mehreren Thronbewerbern hatten die Grafen Johann Balliol und Robert Bruce den nächsten Anspruch auf den Thron. Die Schotten übertrugen dem Könige Eduard das Schiedsrichteramt, der für den Ersteren entschied, aber auch die Anerkennung seiner Oberlehnsherrlichkeit erzwang. Als er diese zu einer völligen Unterwerfung Schottlands erweitern wollte, rief er einen heftigen nationalen Haß und Widerstand der Schotten hervor, die mit Frankreich verbunden in langen wechselvollen Kämpfen unter Eduard und seinen nächsten Nachfolgern ihre Selbstständigkeit zu behaupten strebten. Im Jahre 1306 erhoben die Schotten den gleichnamigen tapfern Sohn Robert's Bruce zu ihrem Könige, der sich auch behauptete, da Eduard I. schon im folgenden Jahre auf einem neuen Zuge gegen ihn starb.

4) Unter Eduard's I. langer und ruhmvoller Regierung hatte Englands innere Entwickelung bedeutsame Fortschritte gemacht. Auch er hatte nach dem Vorgange Leicester's Vertreter des dritten Standes zur Reichsversammlung oder zum Parlamente berufen, um durch deren Beistand von den Baronen, insbesondere bezüglich außerordentlicher Geldbewilligungen (sogen. Subsidien) zu seinen kriegerischen Unternehmungen, unabhängiger zu werden. Es wurde nun im J. 1292 durch ein förmliches Gesetz festgestellt, daß künftig jede Grafschaft zwei freie Grundbesitzer (knights) als Vertreter des kleinen Landadels (der sogen. gentry), und ebenso jede Stadt und jeder Burgflecken (borough) zwei Abgeordnete in's Parlament sen-

den solle. Damit war das Haus der Gemeinen in's englische
Staatsleben gesetzlich eingeführt; schon 1297 erhielt die Charte
den Zusatz, daß ohne Bewilligung der Gemeinen keine Steuern
erhoben werden dürfen. — Eduard's I. Sohn und schwacher
Nachfolger

5) Eduard II. (1307—1327) erlitt gegen die heldenmüthigen
Schotten bei Bannockburn (1314) eine blutige Niederlage, welche
die Unabhängigkeit Schottlands sicherte. Uebrigens machte sich
Eduart II. durch seine Schwäche gegen Günstlinge, insbesondere
gegen den Franzosen Gaveston, so verhaßt, daß die Barone
wiederholt die Waffen gegen den König erhoben. Gaveston ward
verbannt, und als ihn der König wieder aufnahm, hingerichtet.
Dieser selbst aber wurde von seiner verbrecherischen Gemahlin
Isabella im Einverständniß mit ihrem Günstlinge Mortimer
gezwungen, zu Gunsten ihres Sohnes der Krone zu entsagen. Die
frevelnden führten für den Minderjährigen die Regentschaft und
ermordeten zuletzt den in harter Gefangenschaft gehaltenen König
aus Furcht vor einem Aufstande (1327).

6) Eduard III. (1327—1377) rächte das an seinem Vater
verübte Unrecht. Mortinner wurde vom Parlamente verurtheilt und
hingerichtet, und die unwürdige Mutter auf ein einsames Schloß
verbannt. Unter dem ritterlichen und thatkräftigen Eduard III.,
der gegen das Haus Valois Ansprüche auf die Krone Frankreichs
erhob, begannen die langjährigen und blutigen Eroberungskriege
der Engländer gegen Frankreich, das mehrmals ihrer unbeugsamen
Kraft gänzlich zu unterliegen schien, bis der nationale Geist des
französischen Volkes von neuem erwachte und die Selbstständigkeit
des Landes gegen das Inselreich rettete. ¹)

7) Neben den französischen Kriegen stand Eduard III. fort-
während in Streit und Kampf mit den Schotten, denen er keine
völlige Unabhängigkeit zugestehen wollte. Erst nach dem Tode
David's Bruce, mit dessen Schwestersohne Robert das Haus
Stuart (1371) den schottischen Thron bestieg, trat mehr
Ruhe ein.

8) Unter Eduard III. hatte das englische Parlament seine
formelle Ausbildung erhalten, indem sich die Vertreter des Landadels, der Gentry, mit den sogen. Gemeinen, den Abgeordneten
der Städte und Flecken, zu einer Versammlung vereinigten. Dies
sogen. Unterhaus saß zum erstenmal im Jahre 1343, während die
Barone und Prälaten das Oberhaus bildeten. Auf das Parlament gestützt verweigerte Eduard III. die Fortzahlung des bisherigen Lehntributs an den römischen Stuhl, der zwar Widerspruch
erhob, sich aber fügen mußte.

9) Unter dem dritten Eduard lebte Johann Wiclef
(geb. 1324), Lehrer an der Universität Oxford. Er erklärte sich
gegen manche kirchliche Mißbräuche, gegen die Bettelmönche, die

drückenden Steuererhebungen des Papstes u. a. Auch bewirkte er die Uebersetzung der Bibel in's Englische und die Verbreitung ihrer Kenntniß unter dem Volke, indem er sie als die alleinige Quelle der christlichen Wahrheit erklärte. Von vielen Großen, insbesondere von dem Herzoge von Lancaster, die seinen Ansichten beitraten, geschützt wurde er 1382 von einem geistlichen Gerichte zu London zwar verurtheilt, lebte aber unangefochten bis zu seinem Tode (1384). Wiclef ist der Vorgänger des Böhmen Johannes Huß, der von seinen Schriften angeregt wurde. In England wurden seine Anhänger spottweise mit dem Namen Lollharden belegt *), später mit blutiger Strenge verfolgt.

¹) Vergl. französische Geschichte §§. 9 ff.
*) Mit dem Namen Lollharden wurden ursprünglich die Mitglieder einer wohlthätigen religiösen Genossenschaft bezeichnet, welche sich der Pflege der Kranken und Sterbenden, der Beerdigung der Todten widmeten. Da solche Vereine von den müssigen Bettelmönchen ungern gesehen und deren Mitglieder ketzerischer Gesinnungen angeklagt wurden, so wurde der Name Lollhard bald zur Bezeichnung von Ketzer überhaupt und als Schimpfname gebraucht. Er wird von dem niederdeutschen Wort Lollen oder Lullen, d. i. leise reden oder singen hergeleitet.

§. 6.
Eduard's III. Nachkommen. Krieg der beiden Rosen.

1) **Eduard III.** hinterließ, da sein tapferer Sohn, der schwarze Prinz, noch vor dem Vater gestorben war († 1376), die Regierung einem unmündigen Enkel, Richard II. (1377—1399), dem Sohne des schwarzen Prinzen. Bald trat eine große Verwirrung ein, zunächst durch die Umtriebe der Prinzen des königlichen Hauses. Denn die Oheime des unmündigen Königs, die Herzoge von Lancaster, York und Gloucester, stritten sich um die Regierungsgewalt und zerrütteten durch Zwietracht und Habsucht das Reich. Noth und Steuerdruck, durch die Zügellosigkeit des Adels erhöht, rief daher um diese Zeit einen wüthenden Aufstand der Bauern unter Führung des Hufschmieds Wat Tyler in den südlichen Grafschaften hervor (1381), wobei zugleich (wie später im deutschen Bauernkriege) religiöse Anschauungen der sogen. Lollharden mitwirkten. Burgen wurden zerstört, Steuerbeamte erschlagen, und der König selbst zu London im Tower belagert, bis er Abhülfe des Nothwendigsten versprochen hatte. Als dennoch fortgewühlet wurde, erhob sich der Adel im Verein mit den Städten zur blutigen Unterdrückung des Aufruhrs.

2) Uebrigens zeigte sich **Richard II.**, auch nachdem er mündig geworden, schwach, leidenschaftlich, sinnlichen Genüssen und Günstlingen ergeben. Haß und Erbitterung folgten dem unwürdigen Leben, was bald zu einem Bürgerkriege führte. Der Sohn des verstorbenen Herzogs von Lancaster, Heinrich, ebenfalls ein Enkel

Eduard's III., aber der dritten Linie angehörig, wurde von König Richard besonders gehaßt, darum verbannt und sogar seiner Güter beraubt. Heinrich ging nach Frankreich, kehrte aber mit andren Unzufriedenen plötzlich zurück und fand überall großen Anhang. Der selbst von seinem Heere verlassene Richard wurde gefangen, durch das Parlament der Krone unwürdig erklärt und sein Gegner als Heinrich IV. auf den Thron erhoben (1399 — 1413). König Richard starb im Tower, wahrscheinlich durch Hunger getödtet.

3) Durch diesen gewaltsamen Thronwechsel wurde der Grund zu langen und verderblichen Thronstreitigkeiten gelegt. Zwar zeigten sich Heinrich IV. und noch mehr sein Sohn Heinrich V. (1413 — 22), der eine wüste Jugend seit seiner Thronbesteigung mit dem thatkräftigsten Leben vertauscht hatte, als hochbegabte Regenten, die mit kräftiger Hand die großen Barone im Zaume hielten. Der Letztere ward zugleich durch die glänzendsten Waffenthaten in dem erneuerten Kriege gegen Frankreich, insbesondere durch den denkwürdigen Sieg über das weit überlegene französische Heer in der Schlacht bei Azincourt (1415), verherrlicht. Aber der (auch von Shakspeare) gefeierte Heinrich V. starb frühe (1422) und hinterließ die Kronen von England und Frankreich einem erst 9 Monate alten Sohne, Heinrich VI. Unter diesem stets unmündig gebliebenen Könige kam der gräuelvolle dreißigjährige Bürgerkrieg zwischen den beiden Zweigen des königlichen Hauses, der (nach ihren Feldzeichen) sogenannten rothen (Lancaster) und weißen (York) Rose, zum Ausbruch (1455—1485). Der gesammte Adel schaarte sich mit seinem Ehrgeize oder seiner wilden Kampflust um die eine oder andere dieser beiden um die Thronfolge kämpfenden Linien der Plantagenet's, und die gegenseitige Erbitterung der beiden aristokratischen Factionen ruhte nicht eher, als bis mit Ausrottung des gesammten Geschlechts der Plantagenet's die Häupter mit mehr als der Hälfte des Adels auf dem Schlachtfelde oder unter den Händen des Scharfrichters gefallen waren.

§. 9.
Fortsetzung.

1) Heinrich VI. war mit Margaretha von Anjou, einer männlichen Frau, der aber menschlichere Gefühle fremd zu sein schienen, vermählt worden. Sie und ihre Günstlinge regierten im Namen des geistes- und körperschwachen Königs. Das Mißvergnügen der Großen hierüber wurde noch gesteigert durch die Unglücksfälle, welche seit dieser Zeit die englischen Waffen in Frankreich trafen, und nach und nach den Verlust der dortigen Eroberungen und fast aller Besitzungen bis auf Calais nach sich zogen.

2) Unter solchen Umständen ward der Herzog Richard von York, als nächster männlicher Anverwandter des königlichen Hauses, von dem Parlamente unter dem Titel eines Protectors dem Könige zur Seite gegeben und als Regent bestellt (1454). Der König entzog ihm jedoch bald dieses Amt und überließ sich wieder der Leitung des verhaßten Günstlings, des Herzogs von Sommerset. Jetzt griff Richard mit seinen Anhängern zu den Waffen, siegte bei St. Albans (1455), nahm den König gefangen und ward von neuem Protector. Doch gelang es den Umtrieben der Königin Margaretha, daß das Parlament die ihm ertheilte Vollmacht zurücknahm. Richard selbst blieb ruhig, aber sein thätigster Anhänger, der mächtige Graf von Warwick, erhob bald wieder die Waffen, schlug die Truppen des Königs und nahm diesen zum zweitenmal gefangen (1460).

3) Jetzt trat Richard vor dem Parlamente mit Ansprüchen auf die Krone selbst auf, indem er vermöge seiner Abstammung ¹) auf die Thronfolge ein näheres Anrecht vor dem Hause Lancaster behauptete. Das Parlament entschied, daß die königliche Würde Heinrich VI. verbleiben, nach dessen Tode aber Richard von York die Krone erblich zufallen solle. Um die Rechte ihres Sohnes Eduard zu vertheidigen, griff jetzt die Königin Margaretha mit ihren Anhängern zu den Waffen, und Richard verlor gegen sie bei Wakefield Schlacht und Leben (1460). Dagegen hielt Richard's ältester Sohn Eduard die Sache seines Hauses aufrecht, siegte bei Tawton über Margaretha (1461) und nöthigte sie mit ihrem Sohne zur Flucht nach Frankreich. Er selbst ward mit Bewilligung des Parlaments als Eduard IV. zu London zum Könige gekrönt, Heinrich VI. in den Tower gesetzt und eine große Zahl der vornehmsten Anhänger des Lancaster'schen Hauses hingerichtet.

4) Indessen zeigte sich Eduard IV. durch Ausschweifungen und Willkür der Krone wenig würdig und entfremdete sich hierdurch die eigenen Anhänger und Freunde. Sein Bruder, der Herzog von Clarence, und Graf Warwick entwichen vor ihm nach Frankreich, wo Ludwig XI. zwischen ihnen und Margaretha eine Verbindung zu Stande brachte. Sie erregten darauf einen Aufstand gegen Eduard IV., der zu Karl dem Kühnen von Burgund entfloh (1470), aber mit dessen Unterstützung schon im folgenden Jahre nach England zurückkehrte. Sein Bruder Clarence schloß sich ihm jetzt wieder an, und Warwick ward in der Schlacht bei Barnet (1471) von Eduard erschlagen. Auch die indessen gelandete Königin Margaretha ward mit ihrem Sohne gefangen und letzterer, wie auch bald darauf der schwachsinnige König Heinrich VI., im Tower ermordet. Margarethe's Freilassung erwirkte Ludwig XI. von Frankreich durch Geld.

— 19 —

5) Der blutdürstige Eduard IV. erlag seinen Ausschweifungen bereits 1483. Sein Bruder, Richard von Glocester, der Bucklige, ein Ungeheuer an Leib und Seele, brachte seine jungen Neffen, Eduard V., erst 13, und Richard, 7 Jahre alt, und damit die Regentschaft in seine Hände. Durch jenes Verbrechen gelangte Richard III. auf den Thron, indem er Eduard's IV. Söhne im Tower heimlich ermorden ließ (Juni 1483). Aber die blutige Usurpation war nur von kurzer Dauer. Selbst der Herzog von Buckingham, der bisher den Tyrannen unterstützt hatte, erklärte sich endlich gegen ihn und stellte, um dem unseligen Bürgerkriege ein Ende zu machen, Heinrich Tudor (Theodor), Grafen von Richmond, als Prätendenten auf. Dieser, durch mütterliche Abstammung der letzte Sprößling aus dem Hause Lancaster, galt als der rechtmäßige Erbe der Ansprüche dieser Linie. Jener hatte sich schon früher vor Eduard's IV. Nachstellungen nach der Bretagne geflüchtet. Zwar erlag Buckingham und büßte sein Unternehmen mit dem Tode. Als aber darauf Heinrich Tudor selbst landete, fand er großen Anhang, und Richard III., der letzte männliche Sproße des Hauses Plantagenet, verlor in der Schlacht bei Bosworth (1485) gegen ihn Thron und Leben. Heinrich's VII. Thronbesteigung endigte die langen und blutigen Kämpfe beider Rosen.*)

*) Er stammte durch seine Mutter vom zweiten, durch seinen Vater vom vierten Sohne Eduard's III. her, während das Haus Lancaster, also Heinrich VI., dem dritten Sohne desselben (Eduard's) entsproßte. Galt in England auch die weibliche Erbfolge, so ward sie in diesem Falle zweifelhaft, weil mit Heinrich's IV. Thronbesteigung unter Zustimmung des Parlaments das Haus Lancaster zur Thronfolge gelangt war.

*) Die Häuser Lancaster und York.

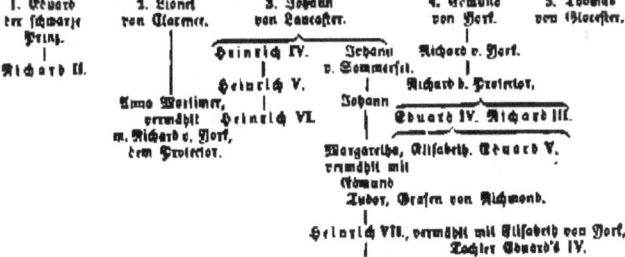

Eduard III.

II. Periode.

Das Haus Tudor 1485—1603.

§. 10.
Heinrich VII.

1) **Heinrich Tudor** wurde nach dem Siege bei Bosworth auch von dem Parlamente als rechtmäßiger König anerkannt. Auch wurde das Land allmählich beruhigt, als er die Ansprüche beider Rosen durch seine Vermählung mit Elisabeth von York (Tochter Eduard's IV.) vereinigte. Einige gegen ihn aufgestellte Kronprätendenten wurden ohne Mühe unterdrückt.

2) Mit der Thronbesteigung des Hauses Tudor[1] beginnt Englands neuere Geschichte. Uebrigens zeigt das öffentliche Leben große Ermattung, die gewöhnliche Folge verwüstender Bürgerkriege. Es trat bei dem allgemein gefühlten Bedürfniß nach Ruhe vorerst in der bisher stetig fortschreitenden Entwickelung ein Stillstand ein, der für die Volksfreiheiten um so gefährlicher zu werden drohte, als das neue Herrscherhaus, durch Willenskraft, aber auch durch hochfahrendes Wesen sich auszeichnend, schon vermöge dieser Natureigenschaften zum Mißbrauch der Gewalt bis zum Despotismus geneigt war. Doch erstreckte sich dieser vorzugsweise nur auf die nächste Umgebung der Herrscher und auf die Großen, deren Demüthigung auch die von **Heinrich VII.** eingerichtete Sternkammer, ein peinlicher Gerichtshof, der ohne Zuziehung von Geschworenen in allen Fällen, welche die Krone betrafen, erkannte, ferner seine Gelderpressungen, welche einen reichen Schatz schufen u. a. bezweckten. Die Stimmung des Volkes selbst wurde dagegen sorgfältig beachtet, durch Herablassung und Leutseligkeit dessen Zuneigung gewonnen und für des Landes Wohlfahrt meist mit Umsicht und Geschick Sorge getragen.

3) Zudem trat schon unter dem zweiten Tudor ein Ereigniß ein, wobei zwar die despotischen Launen des Königs **Heinrich VIII.** sich ganz besonders übten, das aber in seinem Verlaufe nicht nur eine neue Bahn geistiger Entwickelung brach, sondern überhaupt Englands Umbildung und in deren Folge den außerordentlichen Aufschwung dieses Landes vorzugsweise herbeigeführt hat.

[1] Als Stammvater des Hauses Tudor gilt ein walesischer Edelmann Owen Tudor, mit dem sich die Wittwe des Königs Heinrich V., Katharina

(Tochter Karl's VI. von Frankreich) in zweiter Ehe vermählte. Aus dieser Ehe stammten drei Söhne, von denen der älteste Edmund zum Grafen von Richmond erhoben wurde. Edmund Tudor, der Stiefbruder Heinrichs VI., heirathete Margarethe, die Erbtochter des Hauses Lancaster. Dieser Ehe entsproßte Heinrich VII., in dem der lange Thronstreit der beiden Rosen seinen Abschluß fand.

§. 11.
Heinrich VIII. Die Reformation in England.

1) **Heinrich VIII.** (1509—1547), Sohn und Nachfolger Heinrich's VII., ward durch blühende Jugend — er war bei seinem Regierungsantritte 18 Jahre alt — ritterliche Stattlichkeit, Glanz und Pracht der Liebling des gemeinen Mannes. Die Geschäfte überließ er meist seinem Günstling, dem Cardinal Wolsey, dessen Leitung er sich 15 Jahre lang vertraute. Heinrich hatte eine für seine Zeit gelehrte, hauptsächlich theologische Bildung erhalten. Auch zeigte er sich als einen eifrigen Anhänger der Kirche, ihrer Lehren und Gebräuche und schrieb, kirchlichen Neuerungen abhold, gegen Luther eine Schrift zur Vertheidigung der sieben Sacramente (1521), wofür ihm Papst Leo X. den Titel: Defensor fidei ertheilte. Luther's Schriften wurden in England verbrannt und gegen dessen Anhänger die härtesten Maßregeln ergriffen. Da änderte ein unerwartetes Ereigniß zwar nicht die religiösen Ueberzeugungen des Königs, wohl aber seine Stellung zur päpstlichen Gewalt, und führte Folgen herbei, die er selbst am wenigsten gewollt und die den Geschicken des englischen Volkes eine ganz neue Richtung gaben.

2) Heinrich VIII. war mit Katharina von Arragonien, der Wittwe seines verstorbenen ältern Bruders Arthur, die eine Mutterschwester Kaiser Karl's V. war, vermählt. Später hegte er jedoch über die Rechtmäßigkeit dieser Ehe Bedenken, denn er wünschte das Hoffräulein Anna Boleyn zu heirathen. Er verlangte daher eine Scheidung seiner Ehe, die Papst Clemens VII. zwar anfangs, wiewohl ungern, zusagte, dann aber verzögerte, besonders aus Rücksicht auf Kaiser Karl V., den Neffen der Königin Katharina. Zürnend brach jetzt Heinrich, geleitet von Thomas Cromwell, der an die Stelle des entlassenen Wolsey getreten war, die Gemeinschaft mit Rom, indem er die Geistlichkeit seines Reiches zwang, ihn als ihren geistlichen Protector und als Oberhaupt der Kirche von England anzuerkennen (1531). Das Parlament aber beschloß die Abschaffung des Petersspfennigs und der übrigen vom Papste bisher aus England bezogenen sehr bedeutenden Einkünfte, die nun in die königlichen Kassen flossen. Im Jahre 1534 wurden durch Parlamentsbeschluß die Berufungen an den römischen Stuhl verboten und die Bischofswahlen der Krone zu-

gesprochen. Darauf folgte die Aufhebung der zahlreichen Klöster, deren Güter nach und nach zu Gunsten des königlichen Schatzes eingezogen wurden.

3) Die Ehe Heinrich's mit Katharina, aus welcher eine Tochter, Maria, entsprossen war, wurde durch ein geistliches Gericht unter dem Vorsitze des Erzbischofs Cranmer von Canterbury für ungültig erklärt (1532), worauf er die Anna Boleyn heirathete, die ihm eine Tochter, Elisabeth, gebar. Jene ließ der argwöhnische Tyrann nach wenigen Jahren der Untreue beschuldigen und hinrichten (1536), worauf er sich mit Johanna Seymour vermählte, die bald nach der Geburt des Prinzen Eduard starb (1537). Von seiner vierten Gemahlin, Anna, der Schwester des Herzogs von Cleve, ließ er sich bald wieder scheiden, und eine fünfte, Katharina Howard, wegen Untreue hinrichten, worauf er zur sechsten Ehe mit Katharina Parr schritt, die sich vor einem gleich traurigen Schicksal nur durch kluges Eingehen in die Launen des Tyrannen sicherte.

4) Denselben Despotismus wie im eigenen Hause versuchte Heinrich auch in den Kreisen des öffentlichen Lebens. Er wollte eine Staatskirche gründen, die sich von der alten Kirche nur dadurch unterschiede, daß der König an die Stelle des Papstes trete. Er ließ sich daher als dem geistlichen Oberhaupte der anglicanischen Kirche huldigen oder den Suprematseid schwören (1534). Dabei wurde die alte Kirchenlehre im Wesentlichen festgehalten; er ließ sie in 6 Artikel zusammen fassen und durch das Parlament zur allgemeinen verbindlichen Richtschnur der englischen Kirche erklären (1539). Man nannte sie Blutartikel, weil jeder Andersdenkende, mochte er zur katholischen oder protestantischen Ansicht hinneigen, mit blutiger Strenge verfolgt ward und meist mit dem Leben seine Abweichung büßte. — Unter den vielen Opfern, welche die launenhafte Tyrannei Heinrich's VIII. forderte, befand sich auch der edle Lord-Kanzler Thomas Morus, der sich von seinem hohen Amte in die Armuth zurückzog, weil er zur ersten Ehescheidung des Königs, als gegen das Recht verstoßend, nicht mitwirken wollte. Um die Ueberzeugungstreue des Mannes zu brechen, ließ ihn der König in den Tower bringen und mit äußerster Härte behandeln. Hier bestieg Morus mit christlicher Ergebung das Schaffot, weil ihm sein Gewissen verbot, den ihm vorgelegten Suprematseid zu leisten (1535).

5) Ueberhaupt würde es um die Freiheiten des englischen Volkes geschehen gewesen sein, wäre es gelungen, den Plan Heinrich's VIII., nach welchem die geistliche und weltliche Gewalt vereinigt werden sollte, vollständig durchzuführen. Die Anhänger solcher Lehre stellten bereits jeden Widerspruch gegen des Königs Gebote als einen Ungehorsam gegen Gott dar, dessen Stellvertreter jener sei. So ward es möglich, daß das Parlament in knechtischer Gesinnung nicht nur

die despotischen Schritte Heinrich's gutheiß, sondern selbst so weit ging, zu erklären, daß königliche mit Zustimmung des Geheimen Raths erlassene Proclamationen den Parlamentsbeschlüssen gleichgestellt sein sollten (1539). Aber das Werk zerfiel mit dem Tode des Tyrannen (28. Jan. 1547). Denn die Familienverhältnisse Heinrich's VIII. waren der Art, daß die Legitimität und Erbfolge zweier seiner Kinder, Eduard und Elisabeth, enge mit der Reformation zusammenhingen. Die Regierung jener beiden mußte daher diese fortsetzen und fördern, um sich gegen die noch zahlreichen Katholiken halten zu können, die nur an Heinrich's ältester Tochter, Maria, eine vorübergehende Unterstützung fanden.

6) Nach dem Testamente Heinrich's VIII. sollte für seinen erst 9jährigen Sohn, Eduard VI. (1547—1553), ein Regentschaftsrath von 16 Mitgliedern die Regierung führen. Aber bald achtete man den Willen des verhaßten Tyrannen nicht weiter; mit Genehmigung des Parlaments wurde der zum Herzoge von Sommerset erhobene Mutterbruder des Königs zum Protector bestellt und mit der Leitung der weltlichen Geschäfte betraut. Damit begann eine milde Regierung, während derer der wieder zu Einfluß gekommene Erzbischof Cranmer auf dem kirchlichen Gebiete diejenigen Veränderungen durchsetzte, aus denen die anglicanische Kirche hervorgegangen ist. Viele der tyrannischen Gesetze Heinrich's VIII., auch das über die 6 Artikel, wurden aufgehoben; das Abendmahl ward unter beiden Gestalten gespendet, eine Liturgie in der Landessprache mit Beibehaltung des Wesentlichen aus den alten Liturgieen abgefaßt und das Cölibat abgeschafft.

7) Der kränkelnde Eduard starb bereits 1553. Kurz vorher hatte ihn der herrschsüchtige zum Herzoge von Northumberland erhobene Graf Warwick, der die Stelle des verdrängten Sommerset eingenommen hatte, beredet, die Erbfolge mit Ausschließung seiner beiden Schwestern Marie und Elisabeth willkürlich zu Gunsten der 17jährigen Johanna Grey, seiner Verwandten, zu ändern. Denn diese, eine eifrige Protestantin, war die Enkelin einer jüngern Schwester Heinrich's VIII. und mit Warwick's Sohn Dudley vermählt. Aber Warwick's ehrgeiziger Plan brachte ihn und den beiden schuldlosen jugendlichen Vermählten den Untergang. Denn nach Eduard's Tode erklärte sich bald die Mehrzahl des Adels und Volkes für Heinrich's VIII. älteste Tochter, Maria, und Warwick büßte sein Unternehmen mit dem Tode.

8) Maria, die Katholische (1553—1558), erbittert durch ihre und ihrer Mutter Schicksale, zeigte sich nach ihrer Thronbesteigung als heftige Gegnerin der kirchlichen Neuerung. Der Katholicismus und die blutigen Ketzergesetze wurden hergestellt, die Abgaben und die Verbindung mit Rom wieder eingeführt. Eine Empörung, die über diese kirchliche Reaction ausbrach, gab nur Anlaß, auch die schuldlose Johanna Grey sammt ihrem Gemahl aufs Blutgerüst

zu schicken (1554). Jene starb mit vieler Standhaftigkeit und ihrer religiösen Ueberzeugung getreu. Noch in demselben Jahre vermählte sich Maria mit dem Sohne Kaisers Karl V., Philipp von Spanien, und bald begannen blutige Verfolgungen der Protestanten. Die protestantischen Bischöfe wurden in's Gefängniß geworfen; viele erlitten den Feuertod, unter ihnen auch Cranmer.

9) Noch beredete Philipp seine Gemahlin zur Theilnahme an seinem Kriege gegen Frankreich. Im Verlaufe dieses Krieges ging Calais, die letzte Besitzung der Engländer auf dem Festlande, nach einer kurzen Belagerung verloren (1558). Maria überlebte nicht lange diesen Schmerz. Sie starb noch in demselben Jahre.

§. 12.
Die Königin Elisabeth.

1) Elisabeth (1558—1603), Heinrich's VIII. und der Anna Boleyn Tochter, lebte unter den vorhergehenden Regierungen, selbst unter ihrem Vater, fast verstoßen, und war unter ihrer Schwester, der katholischen Maria, mehrmals mit dem Tode bedroht. So reifte diese Frau bei ausgezeichneten durch wissenschaftliche Studien erhöhten Gaben in der erziehenden Schule des Unglücks zu einer wahrhaft großen Königin, deren Verdienste um das Gemeinwesen die Fehler ihres Charakters (Härte) und Geschlechts (Eitelkeit, sie wollte für die schönste Frau Europa's gelten) vergessen lassen. Nach dem Tode ihrer Schwester gelangte sie 25jährig ohne Widerstand auf den Thron, wiewohl nach der Ansicht der Katholiken nicht sie, sondern die Königin Maria Stuart von Schottland, die von Heinrich's VIII. ältester Schwester abstammte, zur Thronfolge berechtigt erschien. Auch hatte Letztere Titel und Wappen einer Königin von England angenommen.

2) Durch Geburt und Schicksale dem Protestantismus angehörig berief Elisabeth nach ihrer Thronbesteigung protestantisch gesinnte Männer in ihren Rath, unter denen William Cecil, später zum Lord Burleigh erhoben, durch Umsicht und kluge Mäßigung die Hauptstütze der Regierung wurde. Der Suprematseid für Alle, die ein öffentliches Amt bekleideten, und die Liturgie ihres Bruders Eduard wurden hergestellt. Allmählich erhielt jetzt die englische Hoch- und Episcopalkirche, mit hierarchischer Verfassung, einem wesentlich protestantischen Lehrbegriff und halb katholischen Ritus, in den 39 Artikeln (von 1571) ihre feste Gestaltung. Zu Gunsten dieser Staatskirche wurde gegen Andersgläubige, Katholiken und insbesondere gegen die sogen. Dissenters, mit unduldsamer Strenge verfahren.

3) Letztere, Presbyterianer oder Puritaner, weil sie eine Reinigung der bischöflichen Kirche wollten, waren bereits sehr zahlreich. Dazu hatten die Glaubensverfolgungen unter der Königin

— 25 —

Maria das Meiste beigetragen. Denn in jenen schlimmen Tagen suchten Viele eine Zuflucht auf dem Festlande, wo sie die deutsche und schweizerische Reformation näher kennen lernten. Sie sahen hier einen einfachern Gottesdienst und insbesondere ein einfaches Kirchenregiment und lernten beide lieben. In ihr Vaterland zurückgekehrt wurden sie daher hartnäckige Gegner der herrschenden Staatskirche und ihrer hierarchischen Ordnung, indem sie eine königliche, überhaupt eine menschliche Autorität in Sachen des Glaubens und religiösen Lebens für unzulässig hielten. Die Verfolgungen, denen sie ausgesetzt waren, machten sie zu einer standhaft duldenden Sekte, deren Haß und Bitterkeit gegen die unduldsame Staatskirche sich später gegen die Krone und ihre Vorrechte selbst wendete. Die religiöse Sekte ward allmählich eine politische Partei, die bald einen mächtigen Einfluß auf die Geschicke Englands übte.

4) Uebrigens belebte und hob Elisabeth's kraftvolle aber nicht selten zu Willkür und Härte geneigte Regierung Englands Industrie, Schifffahrt und Handel. Die Errichtung von Fabriken, besonders durch niederländische Flüchtlinge; die Entdeckungen kühner Seemänner, wie Davis (Davisstraße 1586), Franz Drake, der die Erde umschiffte (1577—1580), Walter Raleigh, Forbisher und Andere, welche den Handelsschiffen den Weg durch alle Meere bahnten; die Stiftung der ostindischen Handelscompagnie, für welche die Königin am 31. December 1600 den ersten Freibrief ertheilte; die Gründung von Colonieen in Nordamerika (Virginien) und Anderes, was die Regierungszeit der Königin Elisabeth auszeichnet, hoben den Wohlstand der Nation und wiesen England bereits während derselben seine Stelle unter den ersten Handels- und Seestaaten an.

5) Entscheidend aber für Englands künftige Größe zur See wurde Elisabeth's Theilnahme am Kriege der Niederländer gegen Spanien. Seit der Kampf zwischen den Anhängern der alten und neuen Religion in Europa immer allgemeiner entbrannte und der mächtigste Fürst der Zeit, Philipp II. von Spanien, die protestantische Reform überhaupt bedrohte, konnte Elisabeth bei so gemeinsamer Gefahr nicht theilnahmlos bleiben. Sie unterstützte daher die aufgestandenen Niederländer erst heimlich, dann öffentlich.

6) Philipp, von der englischen Königin durch Versagung ihrer Hand auch persönlich beleidigt, machte zur Unterwerfung Englands fünf Jahre hindurch außerordentliche Rüstungen und schuf mit Aufbietung aller Kräfte seines Reiches eine Flotte, wie sie das neuere Europa bis dahin nicht gesehen hatte. Zugleich rüstete der Prinz von Parma in den Niederlanden ein Heer zur Landung in England. Eine so drohende Gefahr rief das ganze englische Volk zu den Waffen; die Stadt London allein stellte 33 Schiffe. Noch aber waren die Rüstungen nicht vollendet, als

die unüberwindliche spanische Armada unter Führung des Herzogs von Medina Sidonia im Canal erschien (Jul. 1588). Aber die muthigen und geschickten Angriffe der Engländer unter dem Großadmiral Howard, unterstützt von Franz Drake, Forbisher und andern kühnen Führern, dazu begünstigende Stürme zerstreuten in wenigen Wochen die große Flotte und vereitelten jeden Erfolg des kostspieligen Unternehmens. Nur Trümmer der Armada kamen nach Hause zurück. So glorreicher Erfolg, die Frucht vaterländischer Begeisterung, erhob das Bewußtsein und die Kraft der englischen Nation und zeigte das Element, auf dem ihre Größe erwachsen sollte. Spaniens Bedeutung und Macht nach Außen war dahin, die Englands begann.

7) Die Königin Elisabeth hatte nie bestimmt werden können, sich zu verheirathen. Eifersüchtig auf ihre königliche Machtvollkommenheit verschmähte, wie es scheint, die „jungfräuliche Königin", wie sie genannt sein wollte, ihre Stellung mit einem Manne zu theilen. Daher vermochten unter ihr selbst Günstlinge (wie Lord Dudley, den sie zum Grafen Leicester erhob, und nach dessen Tode sein Stiefsohn, der trotzige Essex, dessen frevelnder Uebermuth seine Hinrichtung nach sich zog) keinen nachtheiligen Einfluß auf die Regierung des Staates zu erlangen. Ueberhaupt zeigte sich die Größe dieser Königin vorzüglich darin, daß sie in den meisten Fällen Kraft und Selbstverläugnung genug besaß, um ihre persönlichen Gefühle und Leidenschaften den Interessen des Staates zu unterordnen. Schon dem Tode nahe bestätigte sie das Erbfolgerecht des Königs Jakob VI, von Schottland, des Sohnes ihrer gehaßten Gegnerin, der unglücklichen Maria Stuart, und des nächsten männlichen Erben der Tudor's.[1]) Elisabeth starb 24. März 1603.

[1]) Die älteste Tochter Königs Heinrich VII. Margarethe Tudor war mit Jakob IV. von Schottland vermählt; sie war die Großmutter der Maria Stuart und folglich die Urgroßmutter Königs Jakob VI.

§. 13.
Schottland. Maria Stuart.

1) In Schottland hatte sich trotz des festen Widerstandes, den das dort regierende Königshaus der Stuart's entgegensetzte, die reformirte Lehre, besonders durch den Eifer des Johann Knox, den Freund Calvin's, den jener zu Genf näher kennen gelernt hatte, verbreitet. Die Grundsätze Calvin's in Manchem noch überbietend führte Knox mit Hilfe des sogenannten Covenants, wie sich der Bund der schottischen Protestanten nannte, unter vielen Kämpfen eine streng puritanische Kirchenverfassung auf dem Grunde calvinistischer Lehren durch.

2) Das regierende Königshaus, dessen Gewalt durch das schottische Parlament bereits äußerst beschränkt war, zeigte sich gegen diese kirchlichen Neuerungen feindlich gesinnt.

Als Jakob V. in Zwiespalt mit dem widerspenstigen und trotzigen Adel im Wahnsinn starb (1542), folgte seine einzige erst acht Tage alte Tochter

3) Maria Stuart (1542—1568), für welche ihre Mutter, Maria von Guise, eine Schwester der französischen Herzoge, die Regentschaft führte. Maria Stuart selbst ward nach Frankreich gebracht, dort in einem Kloster erzogen und später mit dem Dauphin, dem nachherigen Könige Franz II. vermählt. Allein dieser erlag schon frühe seiner Kränklichkeit (1560). Fast um dieselbe Zeit starb auch die Königin-Mutter, die Regentin, worauf Maria Stuart nach Schottland zurückkehrte, um die Regierung selbst zu übernehmen. Doch blieb die Sehnsucht der jugendlichen und lebensfrohen königlichen Witwe nach dem Genuß und dem Glanz des Hofes in Frankreich; durch ihre französische Erziehung und Sitten war sie dem schottischen Volke entfremdet worden.

4) Dazu kam, daß sie als eifrige Katholikin die Acte des schottischen Parlaments vom Jahre 1560, wodurch die Reformation als allein berechtigt in Schottland eingeführt worden war, nicht anerkennen wollte. Durch alles dieses kam sie bald in Widerspruch mit den durch die Reden des strengen Eiferers Knox aufgeregten Schotten, die ihr nicht einmal die Ausübung ihrer Religion gestatten wollten. Den Grund zu ihrem Verderben legte indeß ihre zweite Verheirathung. Maria vermählte sich nämlich mit ihrem Vetter Lord Darnley, der ebenfalls ein Verwandter der Tudor's war und deshalb auch Ansprüche auf den englischen Thron besaß. Für den aus dieser Ehe entsprossenen Sohn Jakob schien demnach eine vereinigte Erbfolge in Schottland und England noch mehr gesichert. Uebrigens war Darnley ein roher, dem Trunke ergebner Mann, der den Sekretair der Maria (den Italiener Rizzio) vor ihren Augen tödten ließ. Da geschah es, daß Darnley in einem einsamen Landhause in der Nähe von Edinburg, wo er an den Blattern erkrankt sich aufhielt, in die Luft gesprengt wurde (1567). Unbesonnen heirathete Maria schon wenige Monate nachher den Grafen Bothwell, der allgemein als Urheber des Mordes galt.

5) Bei der über solchen Leichtsinn der Königin ausgebrochenen Empörung der Schotten wurde Maria gefangen genommen und zur Entsagung der Krone gezwungen (1567). Sie entfloh nach England, um bei der Königin Elisabeth, ihrer Verwandten, Schutz zu suchen (1568). Dieser war die durch Schönheit und Anmuth hervorragende Maria längst ein Gegenstand der Eifersucht und des Hasses. Maria wurde daher unter dem Vorwande, daß sie sich erst von der Theilnahme an der Ermordung Darnley's zu reinigen habe, in Haft genommen. In solchem Verfahren wirkte

die Furcht vor den Katholiken mit, die besonders im nördlichen England zahlreich waren, und in der Enkelin der Margarethe Tudor ihre rechtmäßige Königin erblickten. Maria selbst hatte den englischen Königstitel angenommen. Diese Sachlage war für die Königin Elisabeth nicht ohne ernste Gefahr. Nachdem mehrere Versuche (des Grafen Northumberland, des Herzogs von Norfolk u. A.) zur Befreiung der Maria Stuart mißlungen waren, gab eine Verschwörung (Babington's) gegen Elisabeth's Leben Anlaß, die königliche Gefangene selbst zu verderben. Unter der vorgeblichen Anschuldigung einer Theilnahme an dem Mordanschlage wurde Maria Stuart von einer Untersuchungscommission unter gesetzlosem Verfahren für schuldig erklärt und zum Tode verurtheilt. Das englische Parlament, wie auch die Königin Elisabeth scheuten sich nicht, in blinder Leidenschaft und Befangenheit das Urtheil zu bestätigen. Nach neunzehnjähriger Gefangenschaft erlitt die unglückliche Maria Stuart, deren Leben frühe durch Erziehung, später durch Leichtfertigkeit sich verwirrte, in einem Saale des Schlosses Fotheringhay mit Muth und Ergebung durch Enthauptung den Tod (8. Febr. 1587)[1]. Die Unthat ist der größte Fleck in dem Leben der sonst großen Königin Elisabeth, den die Umstände erklären aber nicht verwischen können.

6) Nach Maria's Entthronung (1567) folgte in Schottland ihr Sohn Jakob VI., der nach Elisabeth's Tode (1603) als nächster männlicher Anverwandter nach der durch Heinrich VIII. festgestellten Erbfolgeordnung auch den englischen Thron bestieg. Er nahm als Jakob I. zuerst den Titel eines Königs von Großbritannien (England und Schottland) und von Irland (1604). Uebrigens behielten England und Schottland ihre eigenen Verwaltungen und gesonderten Parlamente; Jakob's Plan, eine vollständige Union beider Länder zu bewirken, scheiterte damals noch an den nationalen Antipathieen der Schotten und Engländer.

[1] Fr. v. Raumer, Beiträge zur neuern Geschichte aus dem britischen Museum und Reichsarchive, 1836. I. Theil: Die Königinnen Elisabeth und Maria Stuart. — Mignot, Histoire de Maria Stuart. 2. Bd. 1830.

III. Periode.
Das Haus Stuart 1603—1714.

§. 14.
Jakob I.

1) Das durch seltenes Mißgeschick ausgezeichnete Haus Stuart stand durch sein Streben nach unumschränkter Gewalt (divine vice-regency) und später auch durch seine Hinneigung zum Katholicismus mit dem religiösen und politischen Geiste des englischen Volkes in solchem Widerspruche, der nur mit dem Verderben desselben enden konnte. England sank in Folge der innern Wirren unter den Stuart's, wiewohl nun alle drei britischen Inseln zum erstenmal unter Einem Scepter vereinigt waren, von der Stufe, zu der es sich unter der Königin Elisabeth erhoben hatte, wieder herab, und man pflegte unter den Stuart's zu sagen: Großbritannien sei kleiner geworden als England war. Doch ein solcher Zustand konnte nicht lange dauern. Bald entschied ein erschütternder Conflict zwischen dem regierenden Hause mit seinen Ansprüchen auf absolute Gewalt und den Parlamenten mit ihren Freiheitsbestrebungen zu Gunsten der letztern. Der Grund zu diesem Kampfe wurde schon unter

2) Jakob I. (1603—1626) gelegt. Dieser, von dem berühmten schottischen Dichter und Gelehrten Buchanan unterrichtet, verband mit einer wenig einnehmenden Außern solch eine pedantische Schulgelehrsamkeit, die beschränktere Geister leicht aufblähet, seltener zur Weisheit und wahren Demuth führt. Er schrieb mehrere seltsame Schriften (wie über die Möglichkeit der Zauberei, die Existenz böser Geister u. A.). Insbesondere suchte er darzuthun, daß die Gewalt der Könige, als von Gott selbst gegeben, nothwendig unbeschränkt sei, und daß demnach alles Recht und aller Besitz lediglich Bewilligungen seien, die der König aus Gnade verliehen habe und daher nach Belieben wieder zurücknehmen könne. Durch solche maßlose Ansichten begründete Jakob I. die Gesinnung und Richtung, aber auch die Mißgriffe und das Verderben seines Hauses.

3) Jakob gewann, nachdem er den Thron Englands bestiegen, große Vorliebe für die dort herrschende bischöfliche Kirche, die seinen Ansichten und Zwecken mehr entsprach. Desto mehr haßte

er die Puritaner, die strengen Anhänger der presbyterianischen Kirchenverfassung, denen die bischöfliche Hierarchie ein Greuel war. Wiewohl im puritanischen Glauben erzogen neigte sich Jakob jetzt aus politischen Gründen mit Entschiedenheit zur bischöflichen Kirche hin, während er die Presbyterianer, als Gegner der kirchlichen wie der politischen Unfreiheit, in aller Weise bedrückte. Den Katholiken hatte er Duldung versprochen. Gleichwohl erpreßte er von den sogen. Nonconformisten (Katholiken und Dissenters) große Summen, wenn sie der Anwendung der gegen sie bestehenden Strafgesetze entgehen wollten. Viele Familien wurden durch solches Verfahren zu Grunde gerichtet; Andere wurden eingekerkert, Einige hingerichtet. Auch begannen jetzt die bald immer zahlreichern Auswanderungen nach Nordamerika, um der Religionsverfolgung in der Heimath zu entgehen.

Unter solchen Umständen faßten einige Katholiken einen Plan verbrecherischer Verzweiflung. An dem Tage, an welchem der König das Parlament in Westminster eröffnen wollte, sollte er mit beiden Häusern durch Pulver, das man in die Keller des Sitzungshauses zu bringen wußte, in die Luft gesprengt werden. Doch kam der gräßliche Plan zur Anzeige und ward in seiner Ausführung verhindert, als einzelne Parlamentsmitglieder von befreundeten Verschwornen gewarnt worden waren, an dem bestimmten Tage (5. Nov. 1605) in der Sitzung zu erscheinen. Die Verschwornen wurden, soweit man ihrer habhaft ward, hingerichtet, und die Jesuiten als Anstifter und Leiter der sogen. Pulververschwörung bei Lebensstrafe aus dem Reiche verwiesen.

4) Nach Außen verfolgte Jakob I. aus Liebe zur Ruhe eine friedliche Politik mehr, als mit den Wünschen seines Volkes und selbst mit den Interessen und der Ehre seines Hauses verträglich schien. So wurde mit Spanien gleich nach seinem Regierungsantritt Frieden geschlossen (1604); eine Zeitlang wollte er den Prinzen von Wales sogar mit einer spanischen Infantin verheirathen. Noch höher stieg das Mißvergnügen des Volkes, als Jakob nach Ausbruch des großen Religionskrieges in Teutschland seiner Glaubensgenossen daselbst sich nicht annahm, wie man wünschte, und selbst die Sache des landflüchtigen Gemahls seiner ältesten Tochter Elisabeth, des Kurfürsten Friedrich von der Pfalz, nur kärglich unterstützte.

5) Zu dieser Unkraft traten Gemeinheit des Benehmens und Schwäche gegen verächtliche Günstlinge, unter denen der zum Herzog von Buckingham erhobene Marquis Villiers durch Verschwendung und leichtfertiges Wesen am meisten sich verhaßt machte. Uebrigens bildete sich im Unterhause bereits eine muthige Opposition gegen den König und den Gang seiner Regierung, welche die Vorrechte des Parlaments so wenig achtete, daß nach eingelegtem Proteste zur Wahrung der Freiheiten des englischen Volkes Mit-

glieder des Unter- und Oberhauses in Haft genommen wurden. Doch trat erst unter seinem Sohne und Nachfolger die entscheidende Stunde des Verfassungskampfes ein.

§. 15.
Karl I.

1) Karl I. (1625—1649), wiewohl kräftiger und in seinem Benehmen würdevoller als sein Vater, hatte doch ganz dessen politische Ansichten geerbt, und war auch mehr als dieser geeignet, sie mit Nachdruck geltend zu machen. Mit freudiger Hoffnung hatte die Nation seinen Regierungsantritt begrüßt. Aber durch Beibehaltung des verhaßten Buckingham als Rathgebers und ersten Ministers und durch seine Verheirathung mit einer Katholikin, der Henriette Marie, Tochter Heinrich's IV. von Frankreich, zog er bald das alte Mißtrauen auf seine Person und entfremdete sich mehr und mehr das englische Volk.

2) Das Parlament zeigte sich daher gleich anfangs zurückhaltend, verlangte Abstellung der Beschwerden, und war sehr spärlich in seinen Geldbewilligungen. Dies war der Regierung um so unwillkommner, als sie sich entschlossen hatte, an dem Kriege in den Niederlanden gegen Spanien und in Deutschland gegen den Kaiser thätigen Antheil zu nehmen. Karl, der in dem Verfahren des Parlaments eine Verletzung seiner königlichen Vorrechte erblickte, löste jenes zweimal auf und begann nun ohne dessen Bewilligung ungesetzliche Abgaben, wie das Tonnengeld, zu erheben, machte Zwangsanleihen und verkaufte Domänen. Dazu stürzte Buckingham England auch in einen Krieg mit Frankreich, angeblich zur Unterstützung der Hugenotten, in Wirklichkeit aber aus Rache, weil sich jener von dem Cardinal Richelieu persönlich beleidigt glaubte. Buckingham selbst führte die Flotte vor la Rochelle (1627), um die dort belagerten Hugenotten zu entsetzen. Dessen ungeachtet fiel die Stadt; überhaupt ward der Krieg ohne Ruhm geführt, was den Unwillen gegen seinen Urheber vermehrte.

3) Als daher Karl, durch Geldverlegenheit gedrängt, sein drittes Parlament berief (1628) ward dessen Opposition stärker und heftiger als früher. Es erhob Beschwerde über die willkürliche Verhaftung seiner freimüthigen Mitglieder und faßte endlich in Uebereinstimmung mit den alten Volksrechten seine Begehren in der berühmten Bitte um Recht (petition of right 1628) zusammen. Nach dieser Bill sollte ohne Bewilligung des Parlaments kein Geld erhoben, Niemand willkürlich verhaftet und ein jeder nur im gesetzlichen Gange des Rechts gerichtet werden. Karl genehmigte in feierlicher Weise diese zweite große Urkunde der Freiheiten des englischen Volkes, worauf das Parlament reichlich Subsidien bewilligte. Bald aber zeigte sich, wie wenig Karl geneigt war, sein

Versprechen zu halten; insbesondere wollte er die Anwendung der Bestimmungen der Petition of right auf Erhebung von Pfund- und Tonnengelder nicht gelten lassen. Auch wurde sonst willkürlich Geld erhoben, Zölle erhöht und bald nach angeblich altem Vorrechte der Krone zu Ausrüstung und Unterhalt von Schiffen ein einträgliches Schiffgeld eingeführt.

4) Da geschah es, daß Buckingham, der als Hauptanstifter so vielen Unheils galt, von dem Puritaner Fellon ermordet wurde. An seine Stelle trat Thomas Wentworth, von Karl zum Grafen Strafford ernannt. Dieser, früher eines der freimüthigsten Mitglieder des Hauses der Gemeinen, haßte nach seinem Abfalle nur um so mehr seine frühern Gesinnungsgenossen. Denn voll Wuth und Ehrgeiz wollte er Richelieu nachahmen und in England eine absolute Königsgewalt schaffen, wie es jenem in Frankreich gelungen war. In kirchlichen Dingen ließ sich Karl von dem Bischofe Laud leiten, der unter allen Prälaten der anglicanischen Hochkirche am meisten der katholischen Kirchenform sich wieder genähert hatte. Mit dem Eintritt dieser Männer in die Verwaltung begann ein politischer und geistlicher Despotismus, der mit schonungsloser Härte gegen Alle sich wendete, welche die Handlungen der Regierung mißbilligten.

Das widerstrebende Parlament ward aufgelöst (1629) und mehrere Mitglieder des Unterhauses eingekerkert. Karl schloß sofort Frieden mit Frankreich und Spanien und regierte nun 11 Jahre lang ohne Parlament, wiewohl dieses nach einer freilich öfter nicht beachteten Acte Eduard's III. jährlich berufen werden sollte. So glaubte König Karl I. eine absolute Gewalt üben zu können, wie sie keiner seiner Vorfahren je gewagt hatte. Die Folge solcher Mißgriffe war, daß Königthum und Hochkirche ein Gegenstand schwer zurückgehaltenen Hasses wurden, und puritanische Gesinnungen und Bestrebungen unter dem Volke immer stärker sich kund zu thun begannen.

§. 16.
Die englische Revolution.

1) Karl's I. Plan, in England eine absolute Monarchie zu gründen, schien der Verwirklichung nahe; elf Jahre lang hatte er bereits gewaltsame Eingriffe jeder Art in die politischen Rechte und alten Freiheiten des englischen Volkes verübt, und durch willkürliche Auflagen und Erpressungen die Ausgaben bestritten. Da wollte Karl in eitler Lust über das Gelingen der Willkürherrschaft auch die religiösen Gefühle der Unterthanen meistern. Hierdurch aber rief er bei den stets weniger fügsamen Schotten einen Widerstand hervor, der nach der Lage der Dinge bald zu einem allgemeinen Brande wurde. Die Stuart's wollten Schottland überhaupt ihrem neuen Reiche England möglichst gleich machen. Dies sollte

insbesondere durch Vernichtung der presbyterianischen Kirchenverfassung und durch Einführung der englischen Episcopalkirche erreicht werden. Schon Jakob I. hatte wieder Bischöfe in Schottland ernannt. Doch blieb man verstäubig hierbei stehen. Karl I. aber wollte weiter gehen und eine von Laud verfaßte, der anglicanischen sich nähernde, Liturgie einführen. Die erste Ausübung derselben rief in der Kathedrale zu Edinburg einen Tumult hervor (23. Juli 1636), und bald stand die ganze Nation in Waffen. Die Schotten errichteten zu Edinburg eine revolutionäre Regierung, und unterschrieben von neuem den sogenannten Convenant zur Vertheidigung ihrer kirchlichen Rechte.

2) Die Schotten rückten in England ein, wo sie die von Karl gesammelten Truppen, die wenig Eifer zeigten, an der Tyne zurückschlugen (Aug. 1640). Um Geld zur nachdrücklichern Führung des Krieges gegen die Schotten zu erhalten, sah sich Karl genöthiget, nach elf Jahren wieder einmal das Parlament in England zu berufen. Es ward jedoch, wie gemäßigt es auch seine Beschwerden vortrug, nach wenigen Wochen wieder aufgelöst. Karl wollte nun mit dem Hause der Lords allein verhandeln, die jedoch wenig geneigt sich zeigten, auf so verfassungswidriger Bahn zu folgen. Man verlangte ein Parlament beider Häuser.

3) Die Lage der Krone ward schwieriger. Ohne Mittel, den Schotten, die in England laute Sympathieen fanden, zu widersetzen, sah sich Karl genöthiget, schon im November 1640 ein neues Parlament um sich zu versammeln, das den Namen des langen (1640—1653) erhielt. Der vieljährige Druck und der dadurch gesteigerte Haß hatten bei den neuen Wahlen den puritanisch Gesinnten das Uebergewicht verschafft. Dennoch würden sich die Dinge friedlich entwickelt haben, hätte Karl es über sich bringen mögen, sofort selbst die Mißbräuche abzustellen und in Eintracht mit dem Parlamente offen die Bahn der Verbesserungen zu betreten. Daß dies nicht geschah, insbesondere aber daß Karl bei der Unzuverlässigkeit seines Charakters stets wieder geneigt war, das Versprochene zu brechen und selbst zu despotischen Maßregeln zu greifen, verlieh dem Streite zwischen der Krone und dem Parlamente bald eine giftige Natur und führte über den König zuletzt das Verderben herbei.

4) Das versammelte Parlament suchte vor Allem die Mißbräuche abzuschaffen und solche Reformen festzustellen, welche einem künftigen Mißbrauch der Gewalt vorbeugen sollten. Die von dem bisher herrschenden System Verfolgten und Eingekerkerten erhielten ihre Freiheit wieder; die Sternkammer und hohe Commission, zwei Ausnahmsgerichte, jene eine politische, diese eine geistliche Inquisition, wurden abgeschafft. Durch die Triennial-Bill ward festgesetzt, daß mindestens alle drei Jahre ein Parlament berufen werden sollte, und wenn dies nicht von der Krone zur gehörigen Zeit geschehe, so sollten die Wahlkörper selbst

zur Wahl ihrer Abgeordneten zusammentreten. Zugleich ging das Geſetz durch, daß das Parlament, ehe es 50 Tage verſammelt geweſen, ohne Zuſtimmung beider Häuſer nicht vertagt noch aufgelöſt werden dürfe. Karl genehmigte auch dieſe Bill und begab ſich dadurch des wichtigſten Vorrechtes der Krone. Mit Strenge ward gegen die bisherigen Räthe derſelben verfahren. Strafford ward des Verraths angeklagt und durch Parlamentsbeſchluß verurtheilt. Karl beſtätigte das Urtheil; Strafford ſtarb auf dem Blutgerüſte (1641). Daſſelbe Schickſal erlitt einige Jahre ſpäter der Erzbiſchof Laud (1645). Zugleich ward mit den Schotten Friede und Bündniß geſchloſſen und ihnen zum Unterhalt ihres Heeres, das vorerſt auf engliſchem Boden bleiben, dann, wenn es entbehrlich geworden, zurückkehren ſollte, die Summe von 300,000 Pfund Sterling als Entſchädigung bewilligt. So begann das Parlament die oberſte Regierungsgewalt in die Hände zu nehmen.

Anmerk. Guizot, Hist. de la révolution d'Angleterre dep. 1625-1688. 2 Bde. 4. Aufl. 1853. Deutſch. Jena 1844. — F. C. Dahlmann, Geſchichte der engliſchen Revolution. 6. Aufl. 1853.

§. 17.
Fortſetzung.

1) König Karl hatte bisher in Allem ſich willfährig gezeigt. Auch nahm er auf einer Reiſe nach Schottland ſeine kirchlichen Reformen zurück und ging in der Schwäche ſeiner Nachgiebigkeit ſo weit, daß er ſelbſt eine Bill des ſchottiſchen Parlaments beſtätigte, welche das Episcopat als dem Worte Gottes zuwider erklärte. Auch in England ſchien eine völlige Ausſöhnung zwiſchen der Krone und dem Parlamente nahe zu ſein. Bisher hatte dieſes ziemlich einſtimmig ſeine Beſchlüſſe gegen die Mißbräuche und zur Herſtellung der alten Rechte abgegeben. Ueber den weiter zu gewinnen Gang zeigte ſich aber allmählich eine große Meinungsverſchiedenheit. Es traten jetzt zwei große Parteien hervor und bald auch einander gegenüber, die zwei weſentliche Principien des Lebens, das der Erhaltung und das des Fortſchrittes repräſentiren, und daher dem Gemeinweſen mit dem ihnen eigenthümlichen Guten in gleichem Grade zu nützen berufen und befähigt ſind, wenn die wahre Liebe zu jenem ſtärker ſich zeigt, als die Leidenſchaft und Befangenheit des Parteigeiſtes.

2) Die Anhänger der conſervativen Geiſtesrichtung, die man damals Cavaliere, ſpäter Tories [1] nannte, ſtellten ſich jetzt auf Seite der Regierung und wollten in keine weitere Schmälerung der königlichen Gewalt und deren Prärogative willigen. Die Freunde des Fortſchrittes, von ihren Gegnern Rundköpfe, nach ihrem eigenthümlichen Haarſchnitt, ſpäter Whigs geheißen, waren dagegen der Anſicht, daß bei der ſteten Geneigtheit des Königs zur Willkür

und bei der Unzuverlässigkeit seines Charakters noch weitere Bürgschaften zum Schutze der Volksfreiheiten gegen Mißbrauch der Gewalt nothwendig seien. Vorkämpfer solcher Ansichten waren im Oberhause die reichen Grafen von Bedford, Effex u. a., im Hause der Gemeinen die beredten Mitglieder John Hampden, Pym, Hollis u. a. Neben diesen beiden großen Parteien gab es eine, wiewohl noch wenig bedeutende Klasse von Mitgliedern, die religiösen Fanatismus mit politischem vereinigten und bereits an Einrichtung einer republikanischen Form des Staates dachten. Man nannte sie als Gegner der Episcopal- wie der Presbyterialverfassung, die sie in gleicher Weise für verwerflich hielten, Indebendenten (die Unabhängigen). Die Seele dieser Faction war Oliver Crommell, ein wohlhabender Gutsbesitzer in der Grafschaft Huntingdon und Mitglied des Hauses der Gemeinen für die Stadt Cambridge.

3) Die conservative Partei, der die Mehrzahl des Oberhauses angehörte, schien auch im Hause der Gemeinen das Uebergewicht zu gewinnen, als der König aus redlich gesinnten Männern, die das Vertrauen des Parlaments besaßen, seinen Rath bildete und feierlich erklärte, in Eintracht mit den Gemeinen regieren zu wollen. Da erfolgte plötzlich eine große Umänderung der Stimmung im Parlamente wie im Lande. In Irland war ein blutiger Aufstand der unterdrückten Katholiken gegen die dort eingeführten protestantischen Colonisten ausgebrochen. Man beschuldigte den Hof, besonders die Königin des geheimen Einverständnisses. Noch tödtlicher aber verwundete Karl selbst das wiedererwachende Vertrauen durch einen unpolitischen und fast unköniglichen Schritt, zu dem er ohne Wissen seiner Räthe nur durch Höflinge berathen im Anfange des Jahres 1642 sich fortreißen ließ. Er sendete den General-Anwalt der Krone, um einige Mitglieder der Gemeinen, Hampden, Pym, Hollis, Haslerig und Stroud vor den Schranken des Oberhauses des Hochverraths anzuklagen, und deren Auslieferung zu verlangen. Am folgenden Tage (4. Jan. 1642) erschien der König sogar selbst von Bewaffneten begleitet im Hause der Gemeinen, um jene Führer der Opposition zu ergreifen. Diese hatten sich übrigens vorher entfernt und dadurch die Ausführung seines unziemlichen Unternehmens verhindert. Alle, die Gemeinen wie die Lords, waren über eine solche Verletzung der Privilegien der Parlamentsmitglieder empört. Das Ansehen des Königs und das Vertrauen auf ihn war unwiederbringlich dahin. Ganz London bewaffnete sich, von allen Seiten strömte das Volk herbei, um das Parlament in seinen Rechten zu schützen.

4) In solcher Lage verließ Karl mit seiner Familie am 10. Januar London, und schlug später seinen Hof in Oxford auf, wo seine Anhänger, hauptsächlich aus dem Adel bestehend, um ihn sich sammelten; die Königin verließ das Reich und ging nach

Holland. Noch begannen Unterhandlungen zwischen dem Könige und dem Parlamente, das einem aus Mitgliedern der Ober- und Unterhauses bestehenden Sicherheitsausschusse die Leitung der Geschäfte übertragen hatte. Karl's Benehmen in letzter Zeit hatte aber die Kluft zwischen ihm und der Mehrheit der Nation in einer Weise erweitert, daß sie durch keine neuen Versprechungen und Versicherungen von seiner Seite mehr zu ebnen war. Das Parlament, voll bittern Mißtrauens, hatte Beschlüsse gefaßt, die der König, ohne sich selbst zu vernichten, unmöglich genehmigen konnte. Die Bischöfe wurden aus dem Oberhause ausgeschlossen; der König sollte ohne Zustimmung beider Häuser keine Minister berufen und keine Peers ernennen können und für einige Jahre die oberste Militairgewalt dem Parlamente überlassen.

5) Es war klar, daß der Streit zwischen der Krone und dem Parlamente nicht mehr durch friedliche Mittel beizulegen war. Beide Parteien waffneten. Die Mehrheit des hohen Adels und die Geistlichkeit stand auf Seite des Königs; die meisten Städte und die kleinen Grundbesitzer hielten zum Parlamente. Schon im August 1642 kam es zu Feindseligkeiten. Im ersten Jahre des Krieges hatten die königlichen Waffen entschiedenes Uebergewicht; denn hier kämpfte ein kriegsgeübter Adel unter Ruprecht, dem Sohne des unglücklichen Pfalzgrafen Friedrich, während die Truppen des Parlaments im Kriegshandwerke Neulinge waren, und ihr Führer, Graf Essex, zwar Kriegserfahrung, aber nicht das Geschick eines tüchtigen Oberfeldherrn besaß.

6) Aber die anfänglichen Unfälle mehrten nur die Anstrengungen der Parlamentspartei. Die Einwohner von Gloucester weckten durch die muthige Vertheidigung ihrer Stadt gegen das königliche Heer (1643) den Wetteifer anderer Städte. An Ernst des Eifers und der Begeisterung gingen indeß die Independenten bald allen anderen voran, sowie an Kriegstalent Oliver Cromwell den übrigen Führern. Er hatte die Fehler und Schwächen der bisherigen Kriegsführung mit scharfem Blicke erkannt, sein Reiterregiment, das er führte, umgeschaffen und dadurch das Vorbild zu einer neuen Organisation der ganzen Armee des Parlaments gegeben. Auch die Schotten, über die Fortschritte des Königs besorgt, verbanden sich mit dem Parlamente und ließen ein Heer in England einrücken (Nov. 1643).

In der Schlacht von Marston Moor (2. Juli 1644) entriß Oliver Cromwell durch den standhaften Muth der Seinigen den Königlichen den bereits errungenen Sieg. Seitdem hatte er die eigentliche Führung des Krieges in Händen, wiewohl Lord Fairfax an Essex Stelle getreten war. Im folgenden Jahre entschied die Schlacht von Naseby (14. Juni 1645) den Sieg des Parlaments und die völlige Niederlage des Königs.

7) Dieser ohne Mittel zu weiterm Widerstande nahm jetzt seine Zuflucht in das Lager der Schotten vor Newark. Diese lieferten ihn nach langen Unterhandlungen dem englischen Parlamente aus (Febr. 1647), und erhielten dafür 400,000 Pfund Subsidiengelder. Uebrigens war der Sieg über den König zugleich ein Sieg der Independentenpartei über die Presbyterianer. Denn die höchste Gewalt blieb seitdem mehrere Jahre lang beim Heere, das ganz aus religiösen und politischen Eiferern bestand. Man bildete aus Officieren und Soldaten zwei Ausschüsse, gleichsam ein Ober- und Unterhaus, um, wie man sagte, über die Freiheiten und Rechte der Nation, für welche man das Leben eingesetzt, zu wachen.

8) Noch wünschte die presbyterianische Mehrheit des Unterhauses eine Verständigung mit dem Könige und es fanden deshalb Verhandlungen statt, die aber Karl's gewohnte Zweideutigkeit nur zu seinem Verderben wendete. Das Heer bemächtigte sich der Person des Königs und trieb, während ein Theil unter Fairfax die Aufstände einiger Grafschaften niederschlug, von Cromwell geführt, die Truppen der Schotten zurück, die jetzt zu Gunsten Karl's ebenfalls die Waffen ergriffen hatten. Während Cromwell in Schottland vordrang, versuchte das Parlament in London nochmals einen friedlichen Ausgleich mit dem Könige. Karl verstand sich jetzt zu allen Forderungen, nur nicht in die Abschaffung des Episcopats, wie die Presbyterianer verlangten. Während hierüber die Unterhandlungen sich hinauszogen, war Fairfax mit einem Theile des Heeres nach London zurückgekehrt. Es wurden nun die presbyterianisch gesinnten Mitglieder mit Gewalt aus dem Hause der Gemeinen ausgestoßen, wodurch die Independenten völlig die Oberhand erhielten. Der Rest des Parlaments (das sogen. Rumpfparlament) beschloß die gerichtliche Verfolgung des Königs. Da die wenigen zurückgebliebenen Lords des Oberhauses die Theilnahme an einem solchen Proceße verweigerten, so setzte man einen außerordentlichen Gerichtshof von 133 Personen aus dem Heere, dem Unterhause und Bürgern von London nieder, vor dem eine Commission in Westminsterhall die Anklage erhob gegen Karl, „den Feind des Landes, der den Krieg gegen das Parlament geführt habe". Karl, der sich in den letzten Tagen seines Lebens mit Würde und Muth benahm, protestirte gegen ein so gesetzloses Verfahren, wurde aber am 27. Januar 1649 „als Tyrann und Hochverräther" zum Tode verurtheilt, den er am 30. Januar vor dem Schlosse Whitehall zu London erlitt.

¹) Tory und Whig waren ursprünglich Schimpfnamen, womit unter König Karl II. die Anhänger der Hofpartei und die Mitglieder der Opposition im Parlamente sich gegenseitig belegten. Tories soll von dem irischen Tar a ry, d. i. Komm' o König, Whigs von whig, b. i. dünnes Bier, Getränk schottischer Bauern, herkommen.

§. 18.
England als Republik (1649—1660).

1) Nach Karl's Hinrichtung wurde England zu einem Freistaate eingerichtet. Das Unterhaus erklärte sich zum Parlamente von England, hob das Haus der Lords auf und beschloß die Abschaffung der königlichen Würde (7. Febr. 1649). Die Leitung der Geschäfte wurde einem Staatsrath von 41 Personen übertragen, darunter Mitglieder des Parlaments, einige Lords und Officiere, unter diesen auch Fairfax und Cromwell. Der Dichter Milton war Secretär dieser Regierungsbehörde.

2) Indessen brachen in Irland und Schottland sofort Aufstände zu Gunsten Karl's II., des Sohnes des hingerichteten Königs, aus. Jener hielt sich in Holland bei seinem Schwager, dem Prinzen von Oranien, auf und kam nun mit dessen Unterstützung nach Schottland herüber. Hier ward Karl allgemein als König anerkannt, nachdem er sich bequemt hatte, den Convenant zu unterschreiben und ein Puritaner zu werden. Aber die Führer der neuen Republik entwickelten eine ungewöhnliche Thatkraft. Cromwell, zum Lordstatthalter von Irland bestellt, unterdrückte dort den Aufstand. Grausame Maßregeln gaben dem Lande eine Einrichtung, wodurch es seitdem zwar in Unterwürfigkeit gegen England erhalten ward, aber auch stets zu Empörungen geneigt war. Darauf wendete sich Cromwell gegen die Schotten. Er schlug ihr Heer bei Dunbar (3. Sept. 1650) und vernichtete gerade ein Jahr später ein zweites, das unter dem Prätendenten selbst in England eingefallen war, gänzlich bei Worcester. Fast wunderbar entkam Karl nach Frankreich. Schottland wurde nun als eroberte Provinz behandelt, durfte aber seine Vertreter in's Parlament zu London senden.

3) Solche Siege änderten Cromwell's Stellung zu dem bisher herrschenden Partei des Rumpfparlaments. Das Heer, voll Bewunderung ihm ergeben, aber republicanisch gesinnt, duldete gern, daß ihr Führer die oberste Gewalt sich zueigne, wenn er nur des königlichen Titels und Namens sich enthielt und die entgegen stehenden Parteien der Royalisten und Presbyterianer niederhielt. Als daher das Parlament, um Cromwell's Macht zu schwächen, das Heer vermindern wollte, so verlangte dieses in einer Adresse dessen Auflösung, damit endlich andere Männer an die Stelle der bisherigen Mitglieder treten könnten. Als letztere sich weigerten, ihre Sitze aufzugeben, erschien Cromwell mit Bewaffneten im Sitzungssaale; der Sprecher ward von seinem Sitze gezogen, der Saal geleert und das Haus geschlossen (20. April 1653). So endigte der von allen Parteien verlassene Rumpf des langen Parlaments, des wichtigsten in der Entwickelungsgeschichte Englands.

4) Cromwell ward es nun leicht, mit Hilfe des Heeres unter republicanischen Formen eine unbeschränkte monarchische Gewalt zu

üben, wie sie kaum je ein König von England besessen hat. Der neue Staatsrath, dessen Präsident Cromwell war, berief im Sinne und Geiste der herrschenden Partei ein Parlament aus sogenannten Heiligen, ernsten gottesfürchtigen Leuten, auf deren Ergebenheit er zählte. Man nannte diese Versammlung, die aus 155 Mitgliedern bestand, darunter vier für Irland und ebenso viel für Schottland, spottweise Barbone-Parlament, nach dem Namen eines seiner Mitglieder. Als indeß dieses Parlament ernstlich Verbesserungen im Gemeinwesen einführen wollte, auf Sparsamkeit, Minderung des Heeres u. s. w. drang, zerfiel es mit Cromwell, der es noch vor Ende des Jahrs 1653 entließ.

5) Cromwell entwarf nun mit richtiger Würdigung der Verhältnisse Englands einen Plan zu einer neuen Verfassung. Er selbst ward nach dem Willen des Heeres unter dem Namen Lord-Protector an die Spitze des Staates gestellt und mit der vollziehenden Gewalt betraut; die gesetzgebende Gewalt übte das Parlament, das alle drei Jahre berufen werden mußte und aus 400 nach einem verständigen Wahlgesetze gewählten Mitgliedern für England, aus 30 für Schottland und ebenso viel für Irland bestand. Indeß lebte Cromwell mit den Parlamenten meist in Zwist und löste sie wiederholt auf, die Verwaltung selbst aber führte er mit Kraft, Einsicht und strenger Gerechtigkeit. Die Rechtspflege ward gewissenhaft gehandhabt und in der Religion zum erstenmal wieder gegen anders Gläubige wirkliche Duldung geübt.

§. 19.
Fortsetzung.

1) Glanzvoll und für Englands künftige hohe Stellung im europäischen Staatensystem entscheidend war Cromwell's Regierung in ihrer auswärtigen Politik. Noch unter dem Rumpfparlamente kam die Navigationsacte (9. Oct. 1651) zu Stande, welche nach den damaligen Verhältnissen für die Entwickelung der britischen Schifffahrt äußerst vortheilhaft war und darum den Ausgangspunkt der Handelsgröße Englands bildet. Nach dieser Acte sollten künftig Waaren aus Asien, Afrika und Amerika nur durch britische Schiffe nach England und dessen Colonien verführt werden dürfen, ebenso sollten auswärtige europäische Schiffe keine andere Erzeugnisse als die des eigenen Landes, dem sie angehören, nach den britischen Häfen bei Strafe der Confiscation verschiffen dürfen. Dieser Schritt war zunächst hauptsächlich nur gegen Holland gerichtet, damals der erste See- und Handelsstaat der Welt, bot dem Prätendenten Karl II. Vorschub leistete. Die Acte beschleunigte schon im folgenden Jahre den Ausbruch eines Krieges mit den Niederländern, als die junge Republik in der Person ihrer Gesandten im Haag schwer beleidigt worden war.

2) Die englische Seemacht war übrigens unter den Stuart's tief gesunken, während damals die der Holländer, von den berühmtesten Seehelden der Zeit, Ruyter und Tromp, geführt, auf dem Gipfel ihrer Größe stand. Wohl mochten diese, anfangs überall siegreich, selbst in die Themse dringen, die jugendliche Republik entwickelte selbst unter Niederlagen eine Energie und Ausdauer, die ihr schon nach kurzer Zeit das Uebergewicht gaben. In dreitägiger Schlacht (18.—20. Febr. 1653) errang der ebenso edle als tapfere englische Admiral Blake gegen Tromp und Ruyter zuerst die Oberhand und sein Nachfolger Monk entschied schon im folgenden Jahre durch neue Siege, insbesondere bei dem Texel, wobei Tromp sein Heldenleben endete, den Kampf (1654). Holland, das die Stuart's entfernte, verlor im Frieden zwar nichts, aber das Uebergewicht zur See blieb seitdem bei England.

3) Dieses zeigte sich bald in einem im Bunde mit Frankreich unternommenen Kriege gegen Spanien, von dem Cromwell die Abschaffung der Inquisition und freien Handel nach den westindischen Inseln verlangte. Die Engländer entrissen den Spaniern eine der wichtigsten der letzteren, Jamaika (1655), in Flandern aber Dünkirchen. Zugleich warf sich Cromwell zum Schirmvogt des Protestantismus auf dem Festlande auf. Auf sein Verlangen erhielten die gedrückten Waldenser in Savoyen Gewissensfreiheit, die Hugenotten in Frankreich mildere Behandlung.

4) So behauptete Oliver Cromwell, von den Einen bewundert, von den Andern gefürchtet, fast unangefochten die Gewalt bis zu seinem Ende (3. Sept. 1658). Ueberhand nehmende Melancholie hatte seine letzten Tage verdüstert. Doch ward er nach seinem Tode in England fast mehr geehrt als im Leben, und sein ältester Sohn Richard folgte ihm ohne Widerspruch in der Würde als Lord-Protector.

5) Aber Richard besaß keine der großen Eigenschaften seines Vaters, die, zumal in bewegter Zeit, zur Herrschaft befähigen. Den Genuß des Lebens mehr liebend, als Anstrengung und Gefahr, begab er sich freiwillig der Gewalt, sobald diese durch den wiedererwachten Streit der Parteien bedroht schien. Er hatte in versöhnlicher Absicht, aber unklug, mit Uebergehung der neuen Wahlordnung seines Vaters, ein Parlament nach alter Weise berufen, nach welcher verfallene Burgflecken wieder ein Wahlrecht übten, während große Städte, wie Manchester, Leeds u. a., keine Vertreter senden durften. Als nun die Mehrheit dieses Parlaments Miene machte, in Manchem, besonders in Bezug auf die Herstellung des Oberhauses, zur alten Verfassung zurückzukehren, so verlangte das erbitterte Heer, in dem die republicanischen Gesinnungen noch überwogen, dessen Auflösung, welche der schwache Richard nicht zu verweigern wagte. Der Officierrath, in welchem besonders die Generale Fleetwood und Lambert Einfluß übten, hatte nun wieder

die eigentliche Gewalt. Man berief das alte Rumpfparlament zurück und erklärte zugleich, daß die Regierungsgewalt künftig nicht in die Hände Einer Person gelegt, auch kein Haus der Lords fein solle. Richard legte jetzt seine Würde nieder (22. April 1659) und trat in's Privatleben zurück.

6) Indessen dauerte die Einigkeit zwischen den in der Nähe Londons sich lagernden Truppen und dem Rumpfparlamente nicht lange. Als sich dieses der lästigen Abhängigkeit von der Militärdespotie entziehen wollte, ward es nochmals ausgetrieben und die Gewalt wieder einem Sicherheitsausschusse übertragen. Aber die Stimmung des Landes hatte sich geändert, man war der Militärherrschaft überdrüssig und das Heer mit sich selbst zerfallen. General Monk, Lord-Statthalter von Schottland, ein verschlossener, kalt berechnender Charakter, dabei den geheimen Unterhändlern der Stuart's nicht unzugänglich, weigerte sich, die Autorität der neuen Regierung in London anzuerkennen und rückte mit seinen Truppen nach England, nachdem er die Erklärung vorausgeschickt hatte, die alten Rechte und Freiheiten des Landes aufrecht halten zu wollen.

7) Jetzt forderte man überall ein freies Parlament und wollte keine Abgaben zahlen, als die von einem solchen bewilligt wären. Unterdessen rückte Monk nach London (Febr. 1660), wo die Truppen ebenfalls gespalten waren. Lambert, das Haupt der Independenten, versuchte zwar Widerstand, ward aber gefangen und in den Tower geschickt. Als die einzige Autorität des Landes erschien in dieser Lage das Rumpfparlament. Mit diesem verständigte sich Monk, und die früher ausgetriebenen presbyterianischen Mitglieder kehrten zu ihren Sitzen zurück. Das restaurirte lange Parlament ordnete sofort neue allgemeine Wahlen an und beschloß dann, nachdem es seit fast 20 Jahren einen mannigfachen Wechsel des Glücks erfahren hatte, endlich selbst seine Auflösung (März 1660).

8) Das neue Parlament constituirte sich wieder in zwei Häuser, das der Lords und der Gemeinen. In seiner Mehrheit royalistisch gesinnt, beschloß es die Wiederherstellung der Stuart's in fast leichtfertiger Eile, ohne die streitigen Verfassungsfragen entschieden und für die Zukunft sichernde Bürgschaften gegen Mißbrauch der Gewalt festgestellt zu haben. Nur Amnestie und Glaubensfreiheit wurden ausbedungen. Karl II., der sich zu Brüssel aufhielt, ward mit seinen Brüdern zur Rückkehr eingeladen. Am 29. Mai 1660 hielt er seinen feierlichen Einzug in London.

Anmerk. Villemain, Histoire de Cromwell. 1849. Deutsch. 2 Bde. 1831. — R. Coulbry, Geschichte Oliver Cromwell's. Deutsche Uebersetzung. Leipzig 1845. — Die Werke von Macaulay, Ranke, Carlyle's Cromwell's: Letters and speeches. 2 Bde. 1845.

§. 20.
Die englische Restauration.

1) Karl II. (1660 — 1685) hatte stets leichtfertige Vergnügungen mehr geliebt als Arbeit und Anstrengung. Alle Wechselfälle des Schicksals, die an ihm vorübergingen, vermochten nicht ihn hierin zu bessern. Er kehrte mit den alten Grundsätzen und Ansprüchen seines Hauses auf den Thron zurück, suchte aber gern die Lust und überließ die Geschäfte Andern. In den öffentlichen Angelegenheiten ließ er sich ausschließlich von Solchen leiten, die mit dem Hause Stuart gelitten hatten, und die mehr von den Gefühlen der Rache und des Parteigeistes, als von Interessen des Gemeinwohles bestimmt wurden. Der fähigste und noch umsichtigste unter diesen war der Kanzler Eduard Hyde, bald zum Lord Clarendon erhoben.

2) Die Partei der Cavaliere oder der Tories, wie man sie nun bald gewöhnlicher nannte und die jetzt vorherrschte, hatte auch im Parlamente bei den neuen Wahlen im Jahre 1661 das Uebergewicht erlangt; sie erstrebte eine gänzliche Restauration und Zurückführung auf die Zustände vor der Revolution. Vorerst ward das alte bischöfliche Kirchensystem wieder eingeführt und die Presbyterianer durch das Versprechen beruhigt, daß die Gewalt der Bischöfe durch Synoden beschränkt werden solle. Bald aber verfuhr die Reaction rücksichtsloser. Man verlangte von den öffentlichen Beamten, daß sie das Abendmahl nach dem Ritus der bischöflichen Kirche empfingen; die Bischöfe erhielten ihre Sitze im Oberhaus wieder, die Presbyterianer wurden mit äußerster Härte unterdrückt. Auch den Schotten wurden wieder Bischöfe gesetzt, dagegen erhielt ihr Land seine frühere politische Selbstständigkeit zurück. — Die sogen. Uniformitätsbill (acte of uniformity 1662) vertrieb 2000 presbyterianische Geistliche von ihren Pfründen, weil sie Gewissens halber sich der wiederhergestellten Liturgie der alten Staatskirche nicht conformiren konnten. In Folge jener intoleranten Gleichförmigkeitsbill traten ungeachtet der früher zugesicherten Gewissensfreiheit die alten harten Strafgesetze gegen die Nonconformisten oder Dissenters wieder in Kraft.

3) Eben so leidenschaftlich und willkürlich ward in weltlichen Dingen verfahren. Von der Amnestie wurden möglichst viele Ausnahmen gestattet, und nicht bloß die Richter Karl's I., sondern auch Andere hingerichtet. Cromwell's, Blake's und einiger Anderer Leichname wurden aus ihren Gräbern gerissen und bei den Galgen geviertheilt. Der Verkauf der National- und der während der Revolution confiscirten Güter ward für nichtig erklärt und der Käufer ohne Entschädigung verdrängt.

4) Zu diesem schnellen Wechsel des Grundeigenthums von einer Hand in die andere, trat Manches, was das öffentliche Unglück

mehrte. In London raffte eine schreckliche Seuche im Sommer 1665 über hunderttausend Menschen hinweg, und im folgenden Jahre verzehrte das Feuer fast zwei Drittheile der Stadt. Während dieser Unfälle drohte ein Krieg, den Karl II. ohne genügenden Grund gegen die Holländer unternahm, England das Uebergewicht zur See zu entreißen, das ihm Cromwell verschafft hatte. Ruyter drang kühn in die Themse und verbrannte viele englische Kriegsschiffe. Doch schloß Karl bald Frieden zu Breda mit den Niederlanden (1667). Er willigte zu Gunsten Hollands die Schifffahrtsacte, behielt aber das den Holländern abgenommene Neu-Amsterdam, nun Neu-York genannt. Dagegen verkaufte Karl II. Dünkirchen an Frankreich für 5 Millionen Livres und verbrauchte das Geld zu seinen frivolen Ergötzungen.

5) Das Schlimmere war, daß die liederlichen Sitten des Hofes wie eine Ansteckung der Gesellschaft sich mittheilten. Genußsucht, Geldgier und Bestechlichkeit drohten allgemein zu werden. Männer, die einen ernstern Sinn bewahrten, wie Clarendon und Andere, wurden als lästig entfernt, jener sogar lebenslänglich verbannt, wiewohl des Königs Bruder, der Herzog Jakob von York, mit dessen Tochter vermählt war. An Clarendon's Stelle traten Männer, deren Schlechtigkeit die ihnen beigelegte Benennung Cabalministerium [1] schon hinlänglich bezeichnet. So konnte geschehen, daß zur Schmach Englands König Karl und seine Höflinge von Ludwig XIV. hohe Summen bezogen, wofür sie ihm Englands Streitkräfte in seinem Eroberungskriege gegen Holland (1672) zur Verfügung stellten. Seitdem bezog König Karl regelmäßig Jahrgelder (3 Mill. Livres jährlich) von Frankreich, um unabhängiger vom Parlamente zu sein. Dafür zeigte sich Karl in Allem so gefällig gegen Ludwig XIV., daß er ernstlich beabsichtigte, sogar zum Katholicismus überzutreten, zu dem sein Bruder Jakob und einige Minister Karl's bereits heimlich sich bekannten. Doch warnte der klügere Ludwig selbst vor einem so unpolitischen Schritte, der sicherlich damals schon den Stuart's wieder den Thron gekostet hätte.

6) Denn die anfängliche Begeisterung für ihre Wiederherstellung war längst erloschen und selbst in dem bisher so nachgiebigen Parlamente gab sich der nationale Widerstand gegen die Fehler und Mißgriffe der Regierung immer lauter kund. Führer der Opposition waren im Oberhause Shaftesbury, im Unterhause Russell. Aus Argwohn und Mißtrauen gegen den Hof erzwang das Parlament die Testacte (the test act, d. i. die Probeacte 1673), die alle Personen, welche ein öffentliches Amt inne hätten, verpflichtete, den Suprematseid zu schwören und das Abendmahl nach dem Ritus der anglicanischen Hochkirche zu empfangen. Bald ward dieser Eid auch auf die Mitglieder beider Häuser des Parlaments ausgedehnt. Auch fehlte nicht viel, so hätte das Unterhaus die Ausschließung

des Prinzen Jakob von der Thronfolge, da er den Testeid verweigerte, durchgesetzt. Erfreulicher als jene unduldsame Acte, welche alle Katholiken und Dissenters vom Parlamente und von öffentlichen Aemtern ausschloß, war die Erneuerung der berühmten Habeas-Corpus-Acte mit erweiterten Bürgschaften zum Schutze der persönlichen Freiheit (1679).

7) Indessen wurde das gegenseitige Mißtrauen und der Streit zwischen König und Parlament immer heftiger. Karl berief endlich sein fünftes Parlament nach Oxford (März 1681), um es den Einflüssen der Hauptstadt zu entziehen. Aber auch in diesem hatten die Whigs die Oberhand und forderten vor aller Bewilligung die Genehmigung der Ausschließungsbill gegen den Herzog von York, der sich bereits öffentlich zum katholischen Bekenntniß hielt. Karl löste daher dies Parlament nach wenigen Tagen wieder auf und regierte nun, von der wieder vorherrschend gewordenen Torypartei und von Frankreich durch Subsidien unterstützt, fast despotisch bis zu seinem Tode (6. Febr. 1685). Auf dem Sterbebette hatte sich Karl noch offen zum katholischen Glauben bekannt. Unbehindert folgte ihm sein Bruder, der katholische Herzog von York, auf dem Throne.

¹) Weil zufällig aus den Anfangsbuchstaben der Namen der Minister Clifford, Ashley, Buckingham, Arlington, Lauderdale, sich das Wort cabal zusammensetzen läßt.

§. 21.

Die zweite englische Revolution. Jakob II. Wilhelm III.

1) Jakob II. (1685—1688) hatte sich nach dem Tode seiner ersten Gemahlin, der Tochter Clarendon's, mit einer katholischen Prinzessin von Modena vermählt. Doch waren seine beiden Töchter aus erster Ehe, Maria und Anna, protestantisch erzogen und erstere mit dem Oranier Wilhelm III., Statthalter der Niederlande, vermählt worden. Jakob hatte bei seinem Regierungsantritte feierlich erklärt, die Verfassung und die Kirche von England in ihren Rechten schützen und aufrechthalten zu wollen. Dies beruhigte die sorglichen Gemüther. Daher fand das Unternehmen eines unehelichen Sohnes des verstorbenen Königs Karl, des Herzogs von Monmouth, der von übelberathenem Ehrgeiz getrieben und im Vertrauen auf die allgemeine Mißstimmung in England von Holland herüber kam, um mit bewaffneter Hand des Thrones sich zu bemächtigen, keinen Anklang. Er landete (Juni 1685) an der Küste von Dorset, rief das Volk zur Vertheidigung seiner Freiheiten und der protestantischen Religion auf und nahm den Königstitel an. Er wurde aber bald von den königlichen Truppen geschlagen. Monmouth selbst ward gefangen und hingerichtet. Die schrecklichen Verfolgungen, die jetzt durch den Lord Oberrichter

Jeffrey, einen Mann ohne Gewissen und ohne Schaam, den sich Jakob II. zu seinem Werkzeuge erkor, mit Verletzung der Rechtsformen über Alle ergingen, die als Anhänger Monmouth's galten, bezeichneten hinlänglich den Anfang der despotischen Willkürherrschaft, die England bevorstand.

2) Seit Jacob II. sich auf dem Throne befestigt hielt, schritt er mit seinem Plane, in England den Katholicismus herrschend zu machen, rasch und rücksichtslos voran. In dem Heere, das er zur Bekämpfung des Aufstandes gesammelt hatte, wurden viele katholische Officiere mit Umgebung der Testacte angestellt; protestantische Geistliche, die zur katholischen Kirche übertraten, behielten die Einkünfte ihrer Pfründen. Die Jesuiten eröffneten Kirchen und Schulen in London und ein Mitglied dieses Ordens trat als Cabinetssecretär in den Geheimenrath des Königs. Jetzt wurde eine hohe Commission niedergesetzt, die alle dem Hofe mißfälligen Geistliche vorladen durfte; sieben Bischöfe, die dagegen Protest erhoben, wurden in den Tower gebracht. Endlich erließ der König eine Erklärung über allgemeine Gewissensfreiheit und verbot den Testeid. Diese Toleranzacte, welche den Katholiken wie den Protestanten alle öffentlichen Aemter zugänglich machte, sollte die willkürlichen Schritte des Königs nachträglich legitimiren. So begann von neuem der große Kampf zwischen der Krone und dem Parlamente, oder zwischen den Ansichten und Bestrebungen der Stuart's und den Ueberzeugungen und Wünschen der großen Mehrheit des englischen Volkes. Die Lösung des Streites konnte nicht lange ungewiß sein; sie ging von des Königs Schwiegersohn, dem Statthalter der Niederlande, Wilhelm von Oranien, aus.

3) Dieser hatte im Namen seiner Gemahlin Maria, Jacob's ältester Tochter und deshalb damals der nächsten Erbin des englischen Thrones, eine Erklärung eingeschickt, in der beide die Aufhebung der Testacte mißbilligten, weil sie zum Schutze der anglicanischen Kirche nothwendig sei. Seitdem setzten sich die Führer der Whigpartei in engere Verbindung mit dem Oranier; die Niederlande wurden der Sammelplatz aller englischen Mißvergnügten. Schon bereitete man dort eine Unternehmung nach England vor. Bei solcher Lage der Dinge ward dem Könige Jacob ein Sohn geboren (Juni 1688). Die Geburt eines Prinzen von Wales, den das Gerücht für untergeschoben erklärte, vernichtete die letzte Hoffnung des englischen Volkes auf eine protestantische Thronfolge und führte bei der allgemeinen Mißstimmung schnell die Entscheidung herbei.

4) Einige der hervorragendsten Männer erließen eine schriftliche Erklärung an den Oranier, worin sie ihn baten, nach England zu kommen. Am 5. November 1688 landete Wilhelm an der englischen Küste bei Torbay mit 50 Kriegsschiffen und 15000 Mann, und erklärte als Zweck seines Unternehmens, die protestantische Re-

ligion und die Freiheiten Englands sicher stellen zu wollen. Je näher er London rückte, desto mehr schloß man sich von allen Seiten ihm an. Jakob, bald selbst von seinen Nächsten verlassen, entwich in der Nacht vom 11. December 1688 aus London, ward aber an der Küste erkannt und nach Whitehall zurückgeführt. Nach Wilhelm's Weisung ward er nach Rochester gebracht, von wo er, wie man gern sah, nach Frankreich zu Ludwig XIV. entfloh, wohin er schon früher seine Gemahlin und seinen Sohn vorausgesendet hatte. Ludwig XIV. überließ ihm das Lustschloß St. Germain als Aufenthaltsort.

5) Nach der Flucht des Königs ward von einer Versammlung von Lords in Uebereinstimmung mit den Gemeindebehörden von London die höchste Gewalt an den Prinzen Wilhelm übertragen, bis die zu berufende Nationalconvention, wie man für diesen Fall das Parlament nannte, über das Schicksal des Landes entschieden hätte. Das Parlament trat am 22. Januar 1669 zusammen. Am 28. Januar erklärte das Haus der Gemeinen, weil Jakob II. durch Verletzung der Verfassung den ursprünglichen Vertrag zwischen König und Volk gebrochen habe, den Thron für erledigt. Nach einigem Zögern trat das Oberhaus diesem Beschlusse der Gemeinen bei. Ein weiterer Beschluß des Parlaments (vom 13. Febr. 1689) berief den Prinzen und die Prinzessin von Oranien auf den englischen Thron mit der Bestimmung, daß ersterer allein die Geschäfte besorgen, und daß nach beider kinderlosem Tode, die Prinzessin Anna, Jakob's II. jüngste Tochter, den Thron erben sollte. Zugleich erließ das Parlament die von Wilhelm bestätigte neue Erklärung der Rechte (Declaration of rights 13. Febr. 1689), in welcher die alten Freiheiten und unzweifelhaften Rechte des englischen Volkes bestimmter zusammengefaßt wurden. Man fügte die wichtige Bestimmung hinzu, daß künftig jede willkürliche Dispensation von einem Gesetze nichtig sein, auch der Krone kein Begnadigungsrecht hinsichtlich der Verantwortlichkeit der Minister zustehen solle. Dieser Vertrag zwischen der Krone und dem Parlamente bildet seitdem die feste Grundlage alles öffentlichen Rechts in England.

6) Wilhelm III. (1689 – 1702) wurde auch in Schottland als König anerkannt, nachdem dort das Parlament nach dem Vorgange des englischen den König Jakob, weil er die Freiheiten und Rechte des Reiches verletzt habe, ebenfalls des Thrones verlustig erklärt hatte (April 1689). Der Supremateid und das Episcopat wurden in Bezug auf Schottland abgeschafft. Dagegen mißlang damals noch Wilhelm's Plan, durch Vereinigung der Parlamente von England und Schottland die Staats-Einheit beider Reiche zu vollenden. — Schwierig war Wilhelm's Stellung zu Irland. Hier landete Jakob II. mit einer französischen

Flotte (1669), und bald begann ein blutiger Vertilgungskrieg zwischen der unterdrückten katholischen und herrschenden protestantischen Bevölkerung. Aber schon im folgenden Jahre gewann Wilhelm völlig die Oberhand nach dem Siege am Boyneflusz. Jakob II. entfloh zum zweitenmal nach Frankreich, wo ihm Ludwig XIV. nun ein Jahrgeld anwies. Wichtig ist, daß unter Wilhelm durch Parlamentsbeschluß die sogen. Civilliste des Königs von den eigentlichen Staatsausgaben für immer getrennt wurde. König Wilhelm erhielt eine Rente von 700,000 Pf. Sterling auf Lebenszeit bewilligt.

7) So war nach langen oft blutigen Kämpfen in England die Freiheit mit der Ordnung festgestellt, und unter den Männern, die sich um ein so hohes Gut verdient gemacht haben, erscheint Wilhelm mit Recht als einer der preiswürdigsten. Noch höher steht sein Verdienst, das er sich um das gesammte Europa durch die Umsicht und Ausdauer erwarb, womit er alle Hindernisse besiegend den Eroberungsplänen Ludwig's XIV. entgegentrat.[1]

Ungeachtet seiner hohen Verdienste um das englische Staatswesen blieb Wilhelm III. den Engländern doch stets ein Fremdling, dessen kaltes und verschlossenes holländisches Wesen und zurückgezogenes Leben in Hamptoncourt und Kensington ihm in England keine Popularität erwarben. Desto beliebter war er beim Volke seiner Heimath, nach der zurückzukehren er sich stets sehnte. Seine Gemahlin, die Königin Maria II., die mit vieler Liebe an ihm hing, schied frühe 33jährig aus dem Leben (Dec. 1694); er selbst starb kinderlos (19. März 1702). Nach der vom Parlamente festgestellten Thronfolgeordnung folgte ihm seine Schwägerin

8) Anna (1702—1714), Jacob's II. jüngere Tochter, vermählt mit dem Prinzen Georg von Dänemark. Sie ließ sich fast während ihrer ganzen Regierung von den Whigs, und namentlich von dem Herzoge von Marlborough und dessen Gemahlin leiten, und behielt durch Theilnahme am spanischen Erbfolgekriege Wilhelm's III. Regierungspolitik auch nach Außen bei. Auch kam unter ihr dessen Plan einer ewigen Union Schottlands mit England durch Vereinigung beider Parlamente zur Ausführung (1. Mai 1707). England und Schottland unter dem Namen Großbritannien vereinigt, hatten nun ein gemeinsames Parlament. Doch blieben die beiden Kirchen getrennt. Uebrigens zählten die vertriebenen Stuart's unter den Schotten noch viele Anhänger. Im Vertrauen auf diese sogen. Jacobiten unternahm der Prätendent Jacob von Frankreich unterstützt, im März 1708 einen Einfall in Schottland, der jedoch durch die englische Flotte vereitelt wurde.

Nach Anna's ebenfalls kinderlosem Tode wurde nach der vom Parlamente festgesetzten Successionsacte für die protestantische Linie das von mütterlicher Seite den Stuart's verwandte [2] deutsche

welfische Haus Braunschweig-Lüneburg oder das Haus
Hannover auf den Thron von Großbritannien berufen.

*) Vergl. Geschichte des deutschen Volkes. 2. Abth. §. 71 ff.
*) Durch Jakob's I. Enkelin Sophia (Tochter Elisabeth's, der Gemahlin
Friedrich's V. von der Pfalz), die an den Kurfürsten Ernst August
von Hannover vermählt worden war. Der Sohn aus dieser Ehe, Kurfürst Georg, bestieg den englischen Thron.

IV. Periode.
Das Haus Hannover 1714—.

§. 22.
Uebersicht.

1) Seit der Revolution von 1688 war England das Muster
einer gut eingerichteten constitutionellen Monarchie. Durch seine
günstige geographische Lage und durch seine vortreffliche Verfassung,
welche die Rechte des Menschen schützt und ihm zur allseitigen Entwicklung seiner Kräfte freien Raum giebt, blieb es gegen Erschütterungen im Innern und von Außen her geschützt und bildete sich
mehr und mehr zum ersten Industrie- und Handelsstaat
der neuen Zeit.

2) Als Ziel seiner äußern Politik verfolgte es seit Wilhelm III.
die Aufgabe, zwischen den Staaten des Festlandes das Gleichgewicht
aufrecht zu erhalten. Es selbst aber gründete sich, indem es im
Laufe der vielen Kriege des 18. Jahrhunderts fast alle wichtigern
Hauptcolonieen der Europäer und damit den Welthandel und unermeßlichen Reichthum in die Hände bekam, eine überwiegende Herrschaft zur See. Uebrigens war England auch nicht selten geneigt,
diese zu mißbrauchen, nicht nur um seine Ueberlegenheit gegen
andere Staaten zu behaupten, sondern auch um seiner Handels-
politik auf dem Festlande Einfluß zu verschaffen.

§. 23.
Georg I. — Georg II. — Georg III.

1) Georg I. (1714—1727) vereitelte, vom Parlamente eifrig
unterstützt, die Unruhen und Aufstände der sogen. Jakobiten oder

— 49 —

der Anhänger des Prätendenten (Jakob's III.), die bald nach seiner Thronbesteigung in Schottland, wo der Prätendent selbst erschien, und im nördlichen England ausgebrochen waren. Ueberhaupt konnten die Versuche des Letztern, nach England zurückzukehren, nur beitragen, die Verbindung zwischen der englischen Nation und dem neuen Regentenhause zu befestigen, da beide durch gleiche Grundsätze und Interessen gegen den Prätendenten, das Werkzeug französischer Politik, geeinigt wurden. Unter Georg I., der sich entschieden zur Whigpartei hielt, wurde durch eine Acte die Dauer der Parlamente von drei auf 7 Jahre festgesetzt (1716). Im Jahre 1721 trat Robert Walpole, später zum Grafen von Oxford ernannt, als Kanzler der Schatzkammer an die Spitze des Ministeriums und leitete seitdem mit großer Geschicklichkeit 21 Jahre lang unter zwei Königen die Staatsverwaltung. Aus Sparsamkeit zum Frieden geneigt und bestrebt, auswärtige Verwickelungen durch diplomatische Verhandlungen zu ordnen, trug Walpole's Verwaltung viel dazu bei, Europa eine Reihe von Jahren die oft bedrohte Ruhe zu sichern.

2) Georg II. (1727—1760), der Sohn Georg's I., nahm, getreu der Politik Wilhelm's III., am östreichischen Erbfolgekriege, zu dessen glücklichem Ausgange für Maria Theresia er durch seinen Sieg über die Franzosen bei Dettingen (27. Juni 1743) nicht wenig beitrug, und am siebenjährigen Kriege für Friedrich II. thätigen Antheil — Unter der Regierung des zweiten Georg wurde das britische Museum gestiftet. In seinem deutschen Stammlande, dem er wie sein Vater mit besonderer Vorliebe zugethan blieb, gründete er mit großem Aufwande die Universität Göttingen (1734).

3) Der See- und Colonialkrieg zwischen England und Frankreich, der bald mit dem siebenjährigen Kriege[1]) zwischen Preußen und Oestreich zusammenschmolz, und der für die britische Seeherrschaft so folgenreich wurde, hatte seinen Grund in mancherlei streitigen Colonialverhältnissen der beiden ersten Staaten, insbesondere in der zweifelhaften Grenzbestimmung von Neu-Schottland, das Frankreich im utrechter Frieden an England abgetreten hatte. Die Engländer begannen die Feindseligkeiten gegen französische Schiffe schon 1755, und schon im folgenden Jahre erstreckte sich der Kampf über die meisten englischen und französischen Colonieen in Nordamerika und Ostindien. Uebrigens brachte der Krieg anfangs England nur Unfälle und Niederlagen. Die Franzosen eroberten unter dem Marschall von Richelieu Minorca, und der Herzog von Cumberland ward von dem Marschall d'Estrées in der Schlacht bei Hastenbeck unweit Hameln (1757) geschlagen.

4) Jetzt trat aber einer der größten Staatsmänner der neuern Zeit, Wilhelm Pitt, bald Lord Chatham, an die Spitze des

Ministeriums (1757—1761) und belebte durch die Größe seines schöpferischen Geistes den Nationalgeist des englischen Volkes zu Anstrengung und Entwickelung aller seiner Kräfte. Das Uebergewicht neigte nun bald entschieden auf die Seite der Engländer. Diese eroberten das Cap Breton (1758) und errangen unter dem General Wolfe in der Schlacht bei Quebeck (13. Sept. 1759), wobei jener das Leben verlor, über die Franzosen einen folgenreichen Sieg. Quebeck ward erobert und bald ganz Canada von den Franzosen geräumt. Ebenso entschieden die Seeschlachten am Cap Lagos, insbesondere aber in der Quiberonsbai bei Brest (20. Nov. 1759) gegen die Franzosen. Zwar trat Pitt bald nach dem Regierungsantritt

5) Georg's III. (1760 — 1820), Enkel Georg's II., aus dem Ministerium (1761), das nun Lord Bute, der frühere Erzieher und spätere Günstling Georg's III., leitete. Damit kamen die Tories zur Herrschaft. Der Krieg wurde übrigens mit Glück fortgesetzt und bald auch auf Spanien ausgedehnt, als dieses durch den Abschluß des bourbonischen Familienpacts (1761), durch welchen die verschiedenen Zweige der Bourbonen zu gegenseitigem Schutz und Hilfe verbunden werden sollten, zu seinem eigenen Schaden eng an Frankreich sich anschloß. Denn die Engländer eroberten nicht nur die französischen Inseln in Westindien, sondern auch die Havannha auf Cuba (1762) und in Ostindien Pondichery und Manilla. Uebrigens kam jetzt gegen Pitt's Rath der Friede von Paris (1763) zum Abschluß. England erhielt von Spanien: die Florida's gegen Zurückgabe der Havannha; von Frankreich: ganz Canada und bedeutende Besitzungen in West- und Ostindien und am Senegal. Minorca wurde an England, Pondichery an Frankreich zurückgegeben. Durch diesen günstigen Frieden vollendete England seine Handelsgröße und Seeherrschaft, die jedoch einige Jahre nachher den ersten Stoß durch den Krieg mit den nordamerikanischen Colonieen erhielt.

6) Unter der langen Regierung Georg's III. hatte sich England durch eine Reihe tüchtiger Staatsmänner und Feldherrn zu der mächtigen Weltstellung emporgeschwungen, die es seitdem allen Veränderungen in den übrigen Staaten gegenüber festzuhalten verstand. Uebrigens genoß Georg III. trotz seines musterhaften Familienlebens und seiner strengen Sitten doch wenig Popularität; seine Vorliebe für die Tories und seine Hinneigung zu absoluter Gewalt erfüllten die Masse des Volkes mit solchem Mißtrauen, daß selbst wiederholte Attentate gegen seine Person möglich wurden. Uebrigens verfiel Georg III. seit Ende des Jahres 1810 einer völligen Geistesstörung. Es wurde deshalb durch Parlamentsacte vom 29. Januar 1811 der älteste seiner sieben Söhne, Georg, zum Regenten des Reichs erklärt. Georg III. starb 10 Jahre später auf dem Schlosse zu Windsor (29. Jan. 1820).

§. 24.

Der nordamerikanische Freiheitskrieg 1774—1783.

1) Die früheste Gründung englischer Colonieen in Nordamerika geschah unter der Königin **Elisabeth** durch den Seehelden **Walter Raleigh** (1585). Er gab der Landschaft zu Ehren der Königin den Namen **Virginien**. Unter den nachfolgenden **Stuart's** führte der Drang nach kirchlicher und politischer Freiheit zahlreiche Auswanderungen herbei, meist fleißige, ehrenwerthe Colonisten, die eine Reihe von Niederlassungen gründeten (wie Jamestown 1607, Massachusets 1621, Connecticut, Rhode-Island, Maryland 1632 u. a.). Unter Karl II. kam der Quäker **Wilhelm Penn** und gründete **Philadelphia** in **Pennsilvanien** (1682). Dreizehn Landschaften, vom **Missisippi** bis zum **Lorenzstrome** sich erstreckend, unter dem Namen **Neu-England** zusammengefaßt, erlangten viele Freiheiten und übten auf ihren Provinzialversammlungen das Recht der Selbstverwaltung und Selbstbesteuerung. So standen sie von jeher nur in geringer Abhängigkeit vom Mutterlande, das jedoch für den Schutz, welchen es den Colonieen gewährte, das Monopol eines gewinnreichen Handels mit ihnen behauptete und Eingangszölle erhob.

2) Da änderte ein Prinzipienstreit plötzlich das bisherige friedliche Verhältniß zwischen dem Mutter- und Tochterlande, welch letzteres überhaupt bereits reif geworden war, seinen eigenen Gang zu gehen. Als nämlich im siebenjährigen, zum Theil jener Colonieen wegen geführten Kriege Englands Nationalschuld außerordentlich (bereits auf 140 Mill. Pf. St.) gestiegen und für das Mutterland drückend geworden war, so kam das englische Ministerium auf den Gedanken, die amerikanischen Colonieen zur Tragung und Tilgung der Schuld durch Erhöhung der Eingangszölle und durch Einführung von Steuern, zuerst einer **Stempeltaxe**, beizuziehen (1765). — Dagegen bestritten die **Amerikaner** das Besteuerungsrecht des englischen Parlaments, weil man ihnen keine Vertretung in demselben zugestehe. Der große **Pitt**, jetzt mit **Fox** in der Opposition, versocht im englischen Parlamente mit Wärme und prophetischer Voraussicht das gute Recht der Amerikaner, indem er das Recht, Steuern aufzulegen und Repräsentanten zum Parlamente zu schicken, für unzertrennlich erklärte.

3) Indessen gewann der Widerspruch der Amerikaner gegen das Besteuerungsrecht des englischen Parlaments, in dem sie keine Repräsentanten hätten, mehr und mehr an Ausdehnung. Die Provinz **Massachusets** mit der Hauptstadt **Boston** war der Mittelpunkt dieser Opposition, an deren Spitze der edle Buchdrucker **Benjamin Franklin** (geb. 1706, † 1790) stand.

Als die Unzufriedenheit stieg und die Amerikaner, um England zu schaden, keine englischen Waaren mehr kaufen wollten, so wurden von dem englischen Ministerium, das seit 1770 Lord North leitete, alle Steuern zurückgenommen, mit Ausnahme der Theesteuer, an der man mit Hartnäckigkeit festhielt. Nach der Theeacte (1773) erhielt die ostindische Compagnie, die der Regierung nach einem Vertrage (von 1769) jährlich 400,000 Pfund zahlte, das ausschließliche Recht, Thee nach Amerika zu führen. Aber die Amerikaner weigerten sich, besteuerten Thee zu kaufen, und in Boston wurde in einem Tumult die Theeladung dreier Schiffe in's Meer geworfen (18. Dec. 1773), der Anfang der Gewaltthätigkeiten.

4) Als nun der Hafen von Boston gesperrt und die Stadt von königlichen Truppen unter General Gage besetzt wurde, so versammelten sich Abgeordnete von zwölf Provinzen zu dem ersten General-Congreß zu Philadelphia (4. Sept. 1774), machten eine Erklärung der Rechte des Menschen, als Glied des Staates, bekannt und beschlossen, die Handelsverbindungen mit England abzubrechen und die Waareneinfuhr aus dem Mutterlande zu verbieten. Jetzt begann man auf beiden Seiten sich zu bewaffnen. Die Provinzialen wurden im englischen Parlamente, trotz Pitt's und Burke's beredter Warnung, für Rebellen erklärt (Febr 1775). Georg III. wurde zur Anwendung von Waffengewalt ermächtigt. Bald darauf begannen, als General Gage von Boston aus Truppen gegen Massachusetts vorrücken ließ, mit dem Gefecht bei Lexington (18. April 1775) mit den dortigen Milizen die Feindseligkeiten.

5) Jetzt schlossen die Provinzen den Bund der vereinigten Staaten (20. Mai 1775). Bald ward das letzte Band zerrissen, das diese an das Mutterland knüpfte, als man in einigen kleinern deutschen Staaten (Hessen-Kassel, Braunschweig, Waldeck, Anhalt und Ansbach) sich nicht scheute, aus schnöder Gewinnsucht an England 20,000 Mann zur Bekämpfung der Nordamerikaner zu verkaufen. Am 4 Juli 1776 erklärten auf dem Generalcongresse zu Philadelphia die 13 vereinigten Staaten ihre Unabhängigkeit von England[2]).

[1]) Die Unabhängigkeitserklärung war zunächst nur mit einer Majorität von 7 Staaten erfolgt, denen sich jedoch die übrigen sechs Staaten bald anschlossen. Die eigentliche Gründung des nordamerikanischen Staatenbundes geschah erst 4. October 1776.
[2]) Zur Literatur: G. Bancroft, History of the United States, 1—9. Bd. 1852 ff. — Deutsches Hauptwerk von A. Fr. Neumann: Geschichte der Vereinigten Staaten von Amerika. 3 Bde. 1863 ff.

§. 25.
Fortsetzung.

1) Der Befreiungskrieg, den die Nordamerikaner dem mächtigen England gegenüber unternahmen, konnte nach der Natur ihrer Verhältnisse nur ein Vertheidigungskrieg sein, dessen endlicher

Erfolg weniger von raschen und glänzenden Siegen als von fester
Beharrlichkeit und muthiger Ausdauer abhing. Solchen Kampf
verstand der von dem Congresse zu Philadelphia zum Oberfeldherrn
bestellte George Washington (geboren 1732), nach Gesinnung
und Geist einer der edelsten und größten Männer der Geschichte,
mit bewunderungswürdiger Umsicht und Festigkeit unter Niederlagen und Siegen durchzuführen, und dadurch vorzugsweise dem
hartnäckigen England die Anerkennung der Unabhängigkeit seines
Vaterlandes endlich abzuringen.

2) Zugleich brachte die Sache der Nordamerikaner in Europa,
besonders in Frankreich, eine ungewöhnliche Bewegung der Geister
hervor, welche jenen anfangs Unterstützung von Privaten, bald auch
von Regierungen zuwendete. In Frankreich rüstete der jugendliche
Marquis von Lafayette ein kleines Kriegsschiff aus und eilte
nebst vielen Andern, darunter Pulawski, Kosciuszko, an dem
Kampfe für die Freiheit Antheil zu nehmen (1777). Bald darauf
erschien Benjamin Franklin als Gesandter in Paris, um die
französische Regierung für seine Landsleute zu gewinnen. Dies
gelang auch dem hochgefeierten Manne, nachdem der englische General Bourgogne bei Saratoga unweit Albany mit seinen
Truppen an das meist aus Milizen bestehende Corps des Generals
Gates sich hatte gefangen geben müssen (17. Sept. 1777). Frankreich erkannte die Unabhängigkeit der nordamerikanischen Staaten
an und schloß mit ihnen ein Freundschafts- und Handels-
bündniß (Febr. 1778).

3) Dieser Schritt Frankreichs zog sofort einen Seekrieg
mit England nach sich, in den bald Spanien (seit 1779) und
zuletzt auch Holland hineingezogen wurden. Auch in diesem See-
kriege gegen das vereinigte westliche Europa behauptete England,
wiewohl die Franzosen einige Erfolge errangen, zuletzt das Uebergewicht, besonders durch den glänzenden Sieg des Admirals
Rodney bei Guadeloupe (1782). Auch behauptete Elliot in
mehrjähriger ruhmvoller Vertheidigung (1779–1762) Gibraltar
gegen die belagernden Spanier und die schwimmenden Batterien
der Franzosen.

4) Unterdessen wurde der Landkrieg in Amerika, wohin Frankreich ein Hilfsheer unter Rochambeau gesendet hatte (1780), mit
wechselvollem Glücke geführt. Da brachte Washington durch
eine glänzende Waffenthat die Sache zur Entscheidung. Es gelang
ihm, den General Cornwallis bei Yorktown in Virginien
mit seinem Heere (7000 Mann) einzuschließen und zur Capitulation
zu zwingen (19. Oct. 1781). Jetzt gewann die Friedenspartei im
englischen Parlamente die Oberhand, und Lord North schied aus
dem Ministerium. Die neuen Minister (Fox, der jüngere Pitt
u. a.) führten den Frieden zu Versailles herbei (3. Sept. 1783).
Das stolze England mußte die Unabhängigkeit der dreizehn

vereinigten norbamerikanischen Freistaaten anerkennen, gab die gemachten Eroberungen an Frankreich und Spanien zurück, und überließ letzterm das im Laufe des Krieges von den Spaniern genommene Minorca.

5) Washington aber ward wie im Kriege so auch im Frieden durch edle Selbstverleugnung und Weisheit der größte Wohlthäter des neuen Freistaats. Denn vorzüglich durch seinen Einfluß kam die **verbesserte Bundesverfassung** von 1789 zu Stande, welche die Grundlage der seitdem üppig wachsenden Macht und Wohlfahrt der **vereinigten Staaten** wurde. Diese Verfassung überträgt die **ausübende Macht** einem (auf 4 Jahre gewählten) **Präsidenten** in Verbindung mit dem **Senate** (aus jedem Staate 2 Mitglieder), die **gesetzgebende** den beiden Kammern des Senats und der **Repräsentanten**. (Erster Präsident ward Washington 1789 († 1799). Uebrigens verwaltet jeder Einzelstaat sich selbst; nur allgemeine Angelegenheiten (Krieg und Friede, Heer- und Marinewesen, Münze, Maße und Gewicht, Zölle, Handelsgesetze, Gerichtshöfe u. a.) sind dem **Congresse der vereinigten Staaten** [1]) — gegenwärtig 37 mit einer Gesammtbevölkerung von 35½ Mill. Seelen — vorbehalten.

[1]) Die 13 alten Staaten sind: Neuhampshire, Massachusetts, Newyork, Rhode-Island, Connecticut, Newjersey, Pennsylvanien, Delaware, Maryland, Virginien, Nordkarolina, Südkarolina, Georgien. Dazu traten seitdem: Vermont, Kentucki, Tenesse, Ohio, Louisiana, Indiana, Mississippi, Illinois, Alabama, Maine, Missuri, Michigan, Arkansas, Florida, Texas, Wisconsin, Jowa, Oregon, Californien, Minesota, Kansas, Westvirginien, Nevada, Neumejico.

§. 26.
Die englische Herrschaft in Ostindien.

1) Eine Hauptquelle des Reichthums und der Macht Englands ist **Ostindien**, wo es sich von kleinen Anfängen nach und nach ein Reich von ungeheuerm Umfange gegründet hat. Jenes ging von einer Gesellschaft von Kaufleuten aus, welche durch die Privilegien, die sie erwarb, nicht bloß eine **merkantilische**, sondern auch eine **politische Körperschaft** wurde.

2) Die **ostindische Compagnie** entstand unter der Königin **Elisabeth** durch eine Gesellschaft Londoner Kaufleute, die ein Privilegium für den Alleinhandel nach den Ländern östlich vom Kap der guten Hoffnung erhielt. Ihr erster Freibrief ist vom 31. December 1600. Die Gesellschaft erhielt Corporationsrechte, die Wahl ihres Gouverneurs und von 24 Directoren.

3) Ihre erste Besitzung erwarb die Compagnie in **Madras** (1640), bald auch Bombay, Calcutta in Bengalen. Uebrigens ver-

mochte die englische Compagnie gegen die vorherrschende Macht der Holländer und Franzosen in Ostindien lange Zeit nicht aufzukommen und ihre Geschäfte waren unbedeutend. Erst als Cromwell ihre Privilegien erneuerte (1656) und diese unter Karl II. und Jacob II. dahin erweitert wurden, daß sie Forts zum Schutze ihrer Faktoreien und ihres Handels anlegen, die Civilgerichtsbarkeit und Militärgewalt ausüben, Truppen ausheben, Münzen schlagen durfte, nahm die Compagnie einen schnellen Aufschwung. Sie vermehrte im Laufe des 18. Jahrhunderts durch kluge Benutzung der Streitigkeiten der indischen Nabobs unter einander fortwährend ihr Gebiet, während dagegen der Einfluß der Hollduder und Franzosen mit dem Verfall ihrer Seemacht abnahm. Im Jahre 1698 erhielten Londoner Kaufleute von der Regierung gegen eine bedeutende Geldsumme das Recht zur Bildung einer zweiten englisch-ostindischen Compagnie, die jedoch bereits 1708 mit der ältern vereinigt wurde.

4) Jur Zeit des siebenjährigen Krieges begannen die unermeßlichen Eroberungen der Engländer in Ostindien, die hauptsächlich durch Lord Clive im Dienste der Compagnie durch kluge Benützung der Umstände und durch ausgezeichnete Kriegstüchtigkeit herbeigeführt wurden. Im Jahr 1765 kam das große und reiche Bengalen an die ostindische Compagnie durch den Vertrag zu Elhababad mit dem Großmogul zu Delhi, dem von seiner ehemaligen großen Herrschaft fast nur der Name geblieben war, während die Statthalter sich unabhängig machten. Dadurch war die Herrschaft Indiens zu Gunsten Englands entschieden. Aber ihre Behauptung machte noch lange und wiederholte Kriege mit dem unternehmenden und tapfern Hyder Aly, Sultan von Mysore (1760—1782), dessen Sohn Tippo Saib (—1799), den kriegerischen Maratten und andern indischen Völkern nothwendig.

5) Die Compagnie, welche ein Staat im Staat zu werden drohte, erhielt durch die ostindische Bill (1784) des jüngern Pitt (Minister 1783—1801) eine wesentlich veränderte Einrichtung. Die Compagnie verwaltete sich bisher durch gewählte Directoren ziemlich unbeschränkt und übte aus Gewinnsucht durch ihre Beamten, so besonders unter dem harten Warren Hastings, Generalgouverneur von 1774—1785, eine drückende Herrschaft aus. Nach der neuen Bill wurden die 24 Directoren, die ihren Sitz in London haben, in allen wichtigen Sachen der Verwaltung, in den politischen, militärischen und Finanzangelegenheiten, einer von der Regierung abhängigen Commission unterworfen. Nur der Handel blieb der Compagnie überlassen; wurde aber durch eine spätere Bill (1833) allen Briten freigegeben, dagegen der Compagnie für ihre übrigen Verhältnisse ein neuer Freibrief, gültig bis zum 30. April 1854, verliehen.

6) Das Gebiet der Compagnie in Vorderindien umfaßte etwa 30,000 Q. M. mit wohl 90 Millionen Einwohnern in vier Prä-

sidentschaften, zu Kalkutta, dem Sitz des Generalgouverneurs, Agra, Madras, Bombay. Dazu kommen mehrere größere und kleinere Vasallen- und Schutzstaaten, ferner die britischen Besitzungen auf der Westküste von Hinterindien (etwa 1700 Q. M.), welche die Engländer 1826 in einem Kriege den Birmanen entrissen.

§. 27.
Georg IV. Wilhelm IV.

1) Den gewaltsamen Erschütterungen, von denen die meisten Staaten des Continents seit der französischen Revolution heimgesucht wurden, wußte das verständige England durch zeitgemäße Reformen seiner innern Zustände entgegen zu wirken oder zuvorzukommen. Vorbereitet wurden jene bereits unter

2) Georg IV. (1820—1830), der nach unheilbarer Erkrankung seines Vaters schon seit 1811 als Prinz Regent an der Spitze der Regierung stand, durch den Minister Canning (1822—1827), einen der größten Staatsmänner der neuesten Zeit. Er brach einer freiern und humanern Politik im Innern und nach Außen die Bahn, indem er durch das Gesetz, welches den Sklavenhandel verbot und mit der Strafe des Seeraubs bedrohte (1824), Reform des Zollwesens, durch Anerkennung der neuen südamerikanischen Republiken (1825), durch Abschluß des Lond'ner Vertrags mit Rußland und Frankreich (6. Juli 1827) zur Bewirkung der Freiheit der Griechen den Grundsätzen der Humanität Anerkennung und theilweise Eingang verschaffte. Neben ihm ward der Handelsminister Huskisson durch eine neue Navigationsacte (1823) der Schöpfer eines freiern Handelssystems, das seitdem weiter entwickelt wurde.

3) Canning's Bill zur Emancipation Irlands, um den fortwährenden Gährungen dieses Landes, durch die ungerechte Herrschaft einer Religionspartei über die andere genährt, ein Ende zu setzen, so wie seine Getreidebill zur Milderung der für die arbeitende Klasse harten Korngesetze, scheiterten zwar an der starren Selbstsucht seiner Gegner, was dem großen Manne das Herz brach (6. Aug. 1827). Aber als die Tories mit Wellington und Peel im Jahr 1828 in's Ministerium traten, mußten sie manche seiner Maßregeln selbst durchführen. Vorerst erlangten die protestantischen Dissidenten durch Aufhebung der Testacte (1828) politische Gleichberechtigung mit den Bekennern der anglicanischen und presbyterianischen Kirche. Als hierauf Daniel O'Connell, der große Agitator Irlands, für die irische Grafschaft Klare als Mitglied des Hauses der Gemeinen gewählt worden war, brachten Wellington und Peel die Emancipationsbill der Katholiken durch das Unter- und Oberhaus (1829).

4) Georg IV., der in seinem Privatleben durch Verschwendung und Leichtsinn einen starken Gegensatz zur Sparsamkeit und

Sittenstrenge seines Vaters bildete, starb kinderlos zu Windsor (26. Juni 1830). Ihm folgte sein Bruder **Wilhelm IV.** (1830—1837), bisher Herzog von Clarence und zu den Whigs sich hinneigend. Jetzt traten bald die Führer der Whigpartei, Graf Grey, Brougham, Althorp, Melbourne, John Russell, Palmerston, Gladstone u. a. in's Ministerium, da die Tories in Folge des Einflusses der Julirevolution ohnehin nicht mehr an der Zeit waren. Durch dieses Ministerium, insbesondere durch Grey und Lord John Russell, ward die längst ersehnte Reform des Parlaments durch ein verbessertes und erweitertes Wahlgesetz durchgesetzt. Durch diese wichtigste Veränderung, welche die englische Verfassung seit der Bill of rights erfahren hat, ward den verfallenen Burgflecken (rotten boroughs) ihr Stimmrecht entzogen, dies an bedeutende Städte, die bisher nicht vertreten waren, übertragen, und die Zahl der Wähler vermehrt. Uebrigens fand die Bill, seit sie Lord Russell am 1. März 1831 zum erstenmal im Unterhause einbrachte, lange den heftigsten Widerstand und wurde erst, nachdem das Parlament aufgelöst und die Gesinnung des Landes in den neuen Wahlen zum Unterhaus für die Maßregel sich noch entschiedener ausgesprochen hatte, auch vom Oberhause angenommen (4. Juni 1832).

Durch diese Reform der Parlamentsverfassung war der bisher vorherrschende politische Einfluß des hohen Adels, der als ausschließlicher Grundbesitzer die Parlamentswahlen in den Grafschaften zu Gunsten seiner jüngern Söhne und Anhänger zu leiten wußte, gebrochen. Die Zusammensetzung des Unterhauses war seitdem in Folge des erweiterten Wahlrechts mehr als früher ein wirklicher Ausdruck von der Stimmung und dem Willen des Landes.

5) Auch durch mehrere andere zeitgemäße Reformen erwarben sich die Whigs bleibende Verdienste um ihr Land. Die im Interesse der Humanität erfreulichste Maßregel war die durch sie erwirkte **Abschaffung der Sklaverei in den englischen Colonieen.** Die Bill für allmähliche Emancipation der Sklaven in Westindien (1833) erklärte diese sofort persönlich frei und unter den Schutz der Gesetze gestellt; ihre Herren mußten sie jeder Zeit gegen Entschädigung völlig frei geben, nach 12 Jahren waren sie dies von Rechtswegen. Den Pflanzern wurde vom Staate eine Entschädigung von 20 Millionen Pfund bezahlt.

6) Auch manche andere Verbesserungen in den Zuständen des englischen Staatswesens wußten die Whigs unter den heftigsten Kämpfen mit den Tories durchzusetzen. Dahin gehört zunächst die **irische Kirchenreformbill** (1833), nach welcher in Irland die (von den Katholiken) an die anglikanischen Geistlichen bisher bezahlte Kirchensteuer aufgehoben, die übergroßen Einkünfte der Geistlichkeit herabgesetzt und unnöthige Bischofssitze abgeschafft wurden. —

Durch die Städtebill wurde in den englischen Städten, deren Magistrate sich meist selbst ergänzten und ein willkürliches Regiment übten, eine verständige Städteordnung eingeführt (1835), nach welcher die städtischen Beamten frei gewählt, und jeder, der Steuern bezahlte, hierbei wahlberechtigt sein sollte.

7) Um das welfische Heimathland Hannover erwarb sich **Wilhelm IV.** dadurch ein besonderes Verdienst, daß er diesem Königreiche ein neues zeitgemäßes Staatsgrundgesetz verlieh (26. Sept. 1833). König **Wilhelm IV.** starb 20. Juni 1837, worauf ihm seine Nichte **Victoria**, die einzige Tochter seines im Jahre 1820 gestorbenen Bruders, des Herzogs von Kent, als Königin von Großbritannien und Irland folgte. Hannover, wo das salische Gesetz galt, fiel an **Wilhelm's IV.** jüngern Bruder, **Ernst August**, bisher Herzog von Cumberland.

§. 28.
Die Königin Victoria.

1) Die Königin **Victoria** (seit 1837), geboren 24. Mai 1819, hatte nach dem frühen Tode ihres Vaters von ihrer verständigen Mutter, der Herzogin von Kent, einer deutschen Prinzessin von Sachsen-Koburg, eine treffliche Erziehung erhalten. Auch unter dieser von ihrem Volke hochgefeierten Königin, welche sich mit dem Prinzen **Albert** aus dem Hause Sachsen-Koburg vermählt hatte (10. Febr. 1840), behielten die **Whigs**, in deren Grundsätzen die Königin erzogen worden war, meist die Leitung der Geschäfte in Händen. Uebrigens führte die Königin, in Sachen des Staatswohls stets über den Parteien sich stellend, in diesem Lande, dessen Staatsleben überhaupt naturgemäß und verständig geordnet ist, eine musterhafte parlamentarische Regierung, indem sie wechselnd Whigs oder Tories in's Ministerium berief, jenachdem die eine oder andere Partei zur Ausführung dessen, was nach der jedesmaligen Lage der Dinge das Gemeinwohl forderte, tauglicher erschien und die Mehrheit im Parlamente oder die öffentliche Meinung bei den Wahlen für die eine oder andere Seite sich ausgesprochen hatte.

2) Denn in Folge der Emancipation der Katholiken und der Parlamentsreform war in der Zusammensetzung der alten Parteien und in deren Stellung zum Gemeinwesen eine große Veränderung vor sich gegangen. Aus den Vertretern der größern Städte und Fabrikbezirke, ferner aus den irischen Abgeordneten, welche um **Daniel O'Connel**, den beredten Patrioten Irlands, sich schaarten, hatte sich im Unterhause eine neue liberale Partei, die sogen. Radicalen, gebildet, die in ihren Forderungen weiter gingen als die bisherigen Whigs, auf welche diese aber Rücksicht nehmen mußten, um gegenüber ihren Gegnern, den Tories, sich in der Mehrheit zu behaupten. Dagegen hatten die Tories durch Aufnahme talent-

voller Mitglieder aus bürgerlichen Kreisen ihre frühere Befangenheit abgelegt, und vertraten jetzt auf dem Boden der Verfassung die conservative Richtung, ohne sich in ihren verständigern Mitgliedern gegen Reformen zu verschließen, die durch die Staatswohlfahrt und die öffentliche Stimme für unerläßlich erklärt wurden. So kam es jetzt, daß oft die Tories Reformen durchführten, die bisher liberaler Seits vergeblich gefordert worden waren.

3) So war an die Stelle des Whigministeriums unter Lord Melbourne am 1. September 1841 der treffliche Robert Peel, bürgerlichen Standes aber der eigentliche Leiter der Tories, an die Spitze der obersten Verwaltung getreten, und führte durch wichtige Reformen in den Zoll- und Handelsgesetzen Englands dasjenige in's Leben (von 1812—1846), was früher (1825) Huskisson begonnen hatte. Mit Ermäßigung der bisherigen Schutzzölle begann eine Reihe finanzieller und ökonomischer Reformen, deren folgenreichste die allmähliche Abschaffung der Korngesetze war. Die hohen Schutzzölle auf Getreide und andere Lebensmittel wahrten zwar die Vortheile der großen Grundbesitzer, aber auf Kosten der Masse der Bevölkerung. Gegen diese Uebelstände, deren nachtheilige Wirkungen für die arbeitenden Klassen und folglich für die englische Industrie überhaupt immer empfindlicher hervortraten, war von liberaler Seite, insbesondere von Richard Cobben, Mitglied des Parlaments und eifrigen Vertreter des Freihandelssystems, eine wachsende Agitation in's Werk gesetzt worden. Peel, von der Unhaltbarkeit der bisherigen Schutzzölle überzeugt, brachte zu Anfang 1846 mehrere Vorschläge zu deren Ermäßigung oder Abschaffung vor das Parlament. Nach seiner Kornbill sollten die Lebensmittel freie Einfuhr haben, nur für Getreide vorerst noch eine niedrige Abgabe erhoben, und auch diese nach drei Jahren gänzlich aufhören. Erst nach den heftigsten Kämpfen mit den starren Tories waren diese Pläne in beiden Häusern des Parlaments, im Oberhaus hauptsächlich durch Befürwortung Wellington's, des einflußreichen Anhängers der Peel'schen Reformen, durchgesetzt worden.

Uebrigens zog sich Peel, von seinen ehemaligen politischen Freunden, den sogen. Protectionisten, stets angefeindet, bald in's Privatleben zurück, und überließ die Leitung der Geschäfte wieder einem Whigministerium unter Lord John Russell. Der um Englands Industrie und Handel hochverdiente Peel starb 2. Juli 1850.

4) Während man durch solche innere Reformen der Noth der Masse der Bevölkerung zu steuern, und durch allmählichen Uebergang zum Freihandelssystem neue Grundlagen für Handel und Industrie zu gewinnen bestrebt war, wußte man letztern zugleich durch auswärtige Unternehmungen neue Bahnen zu eröffnen.

Hierher gehören vor Allem die wiederhollen Kriege mit dem chinesischen Reiche, in welche England verwickelt worden war. Der Conflict entstand dadurch, daß die Chinesen die bestehenden Handelsbeziehungen mit den Engländern beschränken wollten, und insbesondere scharfe Verbote gegen den Verkauf und Verbrauch des verderblichen Opiums erließen, womit die Engländer einen gewinnreichen Schmuggelhandel nach China trieben. Als es hierüber zu Streit und Feindseligkeiten mit den chinesischen Behörden kam, und China in deren Folge allen Handel mit Engländern verbot, so erklärte England förmlich den Krieg an China (1840). Die Chinesen unterlagen bald überall zu Wasser und zu Land den englischen Streitkräften, und mußten sich nach längern Unterhandlungen zum Frieden von Nanking verstehen (28. Aug. 1842). Nach diesem folgenreichen Vertrage (abgeschlossen von Sir Henry Pöttinger) wurde den Engländern die Insel Hong-Kong, ein wichtiges Emporium für ihren Handel, abgetreten, ihnen außer Kanton vier weitere Häfen (Amoy, Ning-po, Schang-hai, Fu-tscheu-fu) geöffnet und eine Kriegsentschädigung von 21 Mill. Dollars bezahlt. Seitdem begann das den Fremden fast verschlossene Reich der himmlischen Mitte in einen mehr und mehr lebhaften Verkehr mit den übrigen Kulturvölkern einzutreten.

Schon zwei Jahre später halten die Nordamerikaner und Franzosen ähnliche Verkehrs- und Handelsverträge den Chinesen abgerungen, wobei namentlich auch Gründung von Kirchen und Schulanstalten in den fünf Häfen und freie Religionsübung der eingeborenen Christen ausbedungen waren.

5) Uebrigens blieb die chinesische Regierung ihrer alten Politik der Abschließung des Reichs gegen Fremde (gegen die „Barbaren des Westens") getreu, suchte die eingegangenen Verträge zu umgehen und die Fremden zu unterdrücken. Dies Betragen der chinesischen Behörden, insbesondere des schlauen Statthalters Jeh von Kanton, führte zu fortwährendem Zwist und Streit mit den Europäern, was endlich die Seemächte, England und Frankreich, bestimmte, ihre Streitkräfte in den chinesischen Gewässern zu verstärken und China feindlich zu behandeln. Am 29. December 1857 erstürmten die Engländer und Franzosen Kanton und behielten einen Theil der großen Stadt besetzt. Jeh wurde gefangen und nach Kalkutta gebracht. Die Verbündeten setzten darauf ihre Kriegsoperationen nordwärts fort und besetzten am 26. Mai 1858 das wichtige Tien-tsin, den eigentlichen Hafen von Peking. Aufgeschreckt durch solche Erfolge verstand sich jetzt der kaiserliche Hof zu Peking zu Friedensunterhandlungen mit den beiden Bevollmächtigten der Verbündeten, Lord Elgin und Baron Gros. Der am 26. Juni 1858 zu Tien-tsin abgeschlossene Vertrag räumte den Fremden erweiterte Befugnisse ein. Als aber die Chinesen in gewohnter treuloser Politik die gemachten Zugeständnisse zu ver-

kümmern suchten, so nahmen die Verbündeten die Feindseligkeiten
wieder auf, und rückten unter fortwährenden Gefechten mit den
chinesischen Truppen nach Peking selbst vor. Am 13. Oktober
1860 wurde die Hauptstadt des chinesischen Reiches von Engländern
und Franzosen besetzt. Letztere hatten schon vorher den prachtvollen
kaiserlichen Sommerpalast in der Nähe der Hauptstadt geplündert;
wenige Tage später wurde jene sogen. „Perle des Reichs" nieder-
gebrannt, zur Strafe für die grausame Mißhandlung europäischer
Gefangener durch die Chinesen. Jetzt war der nach dem Norden
des Reichs entflohene Kaiser ernstlich zu Friedensunterhandlungen
geneigt, nach welchen die früher eingegangenen Verträge zu Peking
(24. und 25. Oct. 1860) ihre endgiltige Bestätigung erhielten.
Gemäß dieser Verträge erhielten die Gesandten der fremden Mächte
das Recht, in Peking ihren Wohnsitz zu nehmen; Tien-tsin
wurde zum Freihafen erklärt, die Ausübung der christlichen Religion
im chinesischen Reiche frei gegeben und der Verkehr mit Fremden
überhaupt nur noch wenigen Beschränkungen unterworfen.

§. 29.
Fortsetzung.

1) Während England in solcher Weise seinen Einfluß und seine
Verbindungen im äußersten Osten Asiens erweiterte, war seine bisher
hervorragende Machtstellung selbst durch einen in seinem ostindischen Reiche ausgebrochenen furchtbaren Aufstand auf's äußerste
gefährdet worden. Derselbe begann mit Meutereien der eingeborenen
Truppen (der Sipahis), zunächst in Mirat, wo das dortige Sipahi-
regiment am 10. Mai 1857 sich empörte, das Quartier der Europäer in Brand steckte und seine Officiere niederschoß. Die Empörung verbreitete sich schnell über einen großen Theil des indobritischen
Reichs, namentlich über Bengalen, meist unter abschenlichen Greuel-
thaten; überall wurden die Europäer, selbst Weiber und Kinder,
ermordet. Hauptsitz des Aufstandes wurde Delhi, die alte glanzvolle Residenz der Großmoguls, wo man einen Nachkommen
derselben zum Kaiser ausgerufen hatte.

2) In einer so äußerst gefahrvollen Lage zeigten die Engländer
überall, wo ihre kleinen über das weite indische Gebiet zerstreuten
Abtheilungen gegen die Uebermacht der Feinde zu kämpfen hatten,
eine außerordentliche Festigkeit und Thatkraft des Handelns. Noch
ehe die Verstärkungen aus Europa angelangt waren, wurde Delhi
nach sechstägigem Sturm durch General Wilson wiedergenommen
(21. Sept. 1857); zugleich hatte General Havelok in raschen
Schlägen die Kraft des Aufstandes in Bengalen gebrochen. Leider
erlag dieser edle Mann, in welchem sich das glänzendste militärische
Talent mit echt christlicher Frömmigkeit vereinte, nachdem es ihm
gelungen war, von Cawnpore aus in kühnem Zuge mit einer kleinen

Schaar seine in Lucknow eingeschlossenen Landsleute zu retten, den Unbilden des Klima (25. Nov. 1857).

3) Uebrigens mußte Lucknow, die Hauptstadt des kleinen Königreichs Aubh, wieder aufgegeben werden. Dieses Land war erst kurz vor Ausbruch des Aufstandes mit dem indobritischen Reiche durch den Generalgouverneur Dalhousie vereinigt worden, was viel zur Empörung beigetragen hatte. Hier, wo die Erbitterung gegen die Herrschaft der Engländer am stärksten hervortrat, hatte sich nach dem Falle Dehlis der Aufstand von neuem concentrirt. Dahin wandte sich nun der britische Oberbefehlshaber Sir Colin Campbell mit einem Heere von 25,000 Mann, und nahm nach blutigen Kämpfen die Hauptstadt Lucknow (10.—19. März 1858). Damit war die Kraft des Aufstandes gebrochen, der nun bald seinem völligen Erlöschen entgegenging.

4) Der indische Aufstand war für das Mutterland eine dringende Mahnung, durch eine Reihe von Reformen für die Hebung Indiens zu sorgen. Vor allem schien eine Reorganisation Indiens durch einheitliche Gestaltung der obersten Verwaltung nothwendig. Denn die bisherige Doppelregierung des indischen Reichs, getheilt zwischen der britischen Krone und der ostindischen Kompagnie, führte Mißbräuche und Uebelstände herbei, welche einen Hauptgrund zur Mißstimmung der eingeborenen und zu Beschwerden selbst der europäischen Bevölkerung in Indien bildeten. Die neue (von Lord Stanley) eingebrachte sogen. Indiabill wurde vom Unterhause am 8. Juli und vom Oberhause am 2. August 1858 angenommen. Nach derselben hörte die politische Herrschaft der ostindischen Kompagnie mit 1. September 1858 ganz auf und ging auf die britische Krone über. An die Stelle des bisherigen Directorenhofes trat ein von der Krone ernannter und dem Parlamente verantwortlicher Minister zur Leitung der indischen Angelegenheiten. Der bisherige Generalgouverneur, Lord Canning wurde durch königliche Proclamation vom 5. December 1858 zum ersten Vicekönig des indobritischen Reichs, nach Umfang und Einwohnerzahl eines der größten, das Menschen geschaffen haben, ernannt.

5) Inmitten der allgemeinen Erschütterung und des gewaltigen Umschwungs der Dinge, welche in den meisten Staaten des europäischen Festlandes in Folge der Ereignisse in Frankreich seit der Februarrevolution (1848) stattfanden, bewahrte England in seinem Innern durch verständig fortschreitende Reformen seiner staatlichen und öffentlichen Zustände, durch Verbesserung der materiellen Lage des Volkes und durch Enthaltung von jeder thatsächlichen Einmischung in die Angelegenheiten anderer Nationen, im Ganzen eine glückliche Ruhe.

6) Unter der Gunst solcher Umstände nahmen Handel und Verkehr des Landes einen immer weitern Aufschwung, und vermochte die englische Industrie die aller andern Ländern zu einem

frieblichen Weltkampfe herauszufordern. Dieser Gedanke, hauptsächlich durch den Gemahl der Königin, den Prinzen Albert angeregt, kam in der ersten Weltausstellung (eröffnet 1. Mai 1851 zu London), welche die Erzeugnisse des Fleißes und der Industrie aller Nationen Millionen von Besuchern aus allen Ländern vorführte, zur Ausführung.

7) Zu dieser glücklichen Lage und friedlichen Entwickelung Englands in seinem Innern, wodurch dies Land in neuerer Zeit einen bedeutungsvollen Gegensatz zu den Vorgängen in den meisten übrigen Staaten bildet, hat das große Vertrauen, welches der Character und das Leben der Königin Victoria allen Klassen der Bevölkerung einflößte, nicht wenig beigetragen. Um so allgemeiner und aufrichtiger war daher auch die Theilnahme des englischen Volkes an dem schmerzlichen Verluste, den die Königin und ihr schönes Familienleben durch den am 14. December 1611 erfolgten Tod ihres vortrefflichen Gemahls, des Prinzen Albert, erlitten haben.

Dritte Abtheilung.

Geschichte von Polen und Rußland.

§. 30.
Die Slaven und ihre Stämme.

1) Von den drei großen Völkerstämmen **indo-germanischer Abstammung**, die Europa vorzugsweise in Besitz nahmen, den **Kelten, Germanen** und **Slaven**, blieben die Letzten durch ihre Wohnsitze in dem östlichen Europa und lange Zeit auch durch ihre Gesittung dem **asiatischen Heimathlande** am nächsten. Bei den Alten wurden die **Slaven** unter dem Gesammtnamen **Sarmaten** begriffen; von den Deutschen wurden sie in frühester Zeit mit dem Namen **Wenden** oder **Winden** (darnach bei Tacitus Veneti) bezeichnet. Die älteste Geschichte der **Slaven** ist noch dunkler als die der übrigen europäischen Völker indo-germanischer Abstammung. Bei ihrem Eintritte in die Geschichte (im Laufe des 5. und 6. Jahrhunderts n. Chr.) hatten sie die weiten Länderstriche inne, die nördlich von der Ostsee, südlich vom schwarzen und kaspischen Meere, westlich von der Weichsel und den Karpaten umgrenzt werden. Unbestimmter ist ihre Ausdehnung im Osten nach Asien hin [1]).

2) Der Einfall der **Hunnen** nach Europa brachte auch die **Slavenstämme** in Bewegung. Viele zogen westwärts und nahmen die von den Deutschen verlassenen Sitze im **Oderland**, und von da bis zur **Elblinie** und **Saale** ein. Andere überschritten die untere **Donau**, überflutheten das griechische Reich (Moesien und Thrazien), verbreiteten sich über das alte Pannonien und Norikum, westlich bis zum **Pusterthal** in Tyrol. So dehnten slavische Völkerschaften unter verschiedenen Benennungen seit dem 8. Jahrhundert ihre Niederlassungen von der untern Elbe und von der Ostsee in einem langen Halbkreise bis zum adriatischen Meere aus. Seitdem wurde für die verschiedenen Zweige dieses großen Volksstammes der Gesammtname **Slaven, Slovenen** herrschend. Er ist unstreitig eine einheimische Benennung mit der einheimischen Form **Sloveniu**. wahrscheinlich von **slowo, Wort**, also die **Redenden**, einander Verständlichen, im Gegensatz der **Niemetz**, d. i. der **Stummen**, wie die Slaven ihre ihnen unverständlichen Nachbarvölker bezeichneten [²]).

3) Die **Slaven** zerfallen nach ihrer nähern Verwandschaft in zwei Hauptzweige, in den **russisch-östlichen** und den **polnisch-westlichen**. Zu den **Ostslaven, Anten** genannt, gehören außer den Bewohnern des eigentlichen **Rußlands** (den Großrussen

Kleinrussen und Weißrussen) die slavischen Völkerschaften rechts von der Donau, als **Bulgaren, Serben, Choruaten (Kroaten), Slowenen** und **Karanthanen** in Kärnthen und Krain. Zu dem westlichen Slavenzweig, **Lechen** oder **Lachen** genannt, zählen die **Pomeranen** an der Ostsee, die **Polen** an der Weichsel, die **Czechen** in Böhmen an der obern Elbe, die **Morawen** in Mähren an der March (Morawa), die **Slowaken** in Ungarn. Zu den Weißslaven gehörten auch die Völkerschaften, welche die durch den Abzug der Deutschen geräumten Länder zwischen Elbe und Oder einnahmen, wie die verschiedenen **Sorbenstämme** (Daleminzier, Lusizier, Haveller) an der mittlern Elbe und Saale ostwärts, und an der untern Elbe die **Wilzen** und **Obotriten**, die vorzugsweise **Wenden** genannt wurden. Nachdem die Deutschen nach Karl dem Großen, besonders unter den sächsischen Kaisern, zu einer Reichseinheit verbunden waren, eroberten sie allmählich diese ihre früheren Sitze zurück, indem sie die dort seßhaften **Slaven** in langjährigen blutigen Kämpfen unterwarfen und sie mit der Einführung des Christenthums völlig germanisirten. Ebenso haben die Slaven im Südosten das eigentliche Oestreich, und den größten Theil von Steiermark und Kärnthen an die Deutschen, und Pannonien mit dem heutigen Siebenbürgen zum großen Theil an die **Magyaren** verloren.

4) In Körperbildung und Gesittung standen die **slavischen** Stämme den alten **Germanen** in ältester Zeit ziemlich nahe; ein blaues Auge, lichtere fast röthliche Haarfarbe, ein kräftiger Körperbau waren gemeinschaftliche Merkzeichen beider vor den Bewohnern der Südländer. Uebrigens zeigten die Slaven weniger Neigung zum Kriegerleben, als zum ruhigen Anbau, daher ihre große Anhänglichkeit an den heimathlichen Boden; auch zeichneten sie sich durch größere Mäßigkeit und durch Ausdauer in Anstrengung und Arbeit vor den Germanen aus. Aber sie besitzen mehr Gewandtheit und Geschick im Nachahmen, als schöpferische Geisteskraft, und stehen den Germanen auch durch einen auffallenden Mangel an ächtem Sinn für staatliches Gemeinleben nach. Kein **slavische** Stämme vermochten, auch nachdem sie unter die europäischen Kulturvölker eingetreten waren, bis jetzt ein höheres freiheitlich gegliedertes Staatsleben für die Dauer nicht zu schaffen, indem ein eigenthümlicher Hang zur Ungebundenheit sie zwischen Anarchie und Despotismus hin und her schwanken läßt. Auch hat despotische Herrschaft nicht verfehlt, ihre gewohnten Wirkungen dem Charakter mancher Slavenvölker einzuprägen und dadurch die gute und reiche Begabung ihres Stammes zu verunstalten.

5) Uebrigens waren die öffentlichen Zustände der **slavischen** Völkerschaften in frühester Zeit, so viel uns davon bekannt ist, denen der alten **Germanen** nicht unähnlich. Ihre Verfassung war noch patriarchalisch. An der Spitze der Stämme standen erbliche

Stammeshäupter (Krale), deren Macht durch die vornehmsten Grundbesitzer (Knäsen) beschränkt war. Letztere leiteten in den Gemeinden und Gauen die Rechtspflege und Verwaltung, und bildeten schon frühe einen Adel, indem diejenigen, die ihre Güter bebauten und darauf ansässig wurden, zu ihnen als ihren Herren in Hörigkeitsverhältnisse geriethen. — Die wichtigsten slavischen Reiche wurden die der Polen und Russen, jene das Hauptvolk der West-, diese der Ostslaven.

[1]) Zur Literatur: P. J. Schafarik, Ueber die Abkunft der Slaven nach L. Surowiecky, Ofen 1828. — Desselben: Slavische Alterthümer. 2. Aufl. Prag 1855 ff., deutsch von Mosig und Ahrenfeld, herausgegeben von H. Wuttke. Leipzig 1843. 2 Bde. — Franz Palacky, Geschichte von Böhmen. 3 Bde. Prag 1836—44. — J. P. Jordan, Böhmen, Geschichte des Landes und seines Volkes. 2. Aufl. 1847. — M. W. Heffter, Der Weltkampf der Deutschen und Slaven seit dem Ende des 5. Jahrhunderts nach christlicher Zeitrechnung, nach seinem Ursprunge, Verlaufe und nach seinen Folgen. Hamburg 1847.

[2]) Andere denken minder passend an slawa, Ruhm, also die Ruhmreichen. — J. Grimm hält Sueven und Slaven für ganz dasselbe Wort, das er nach seinem slavischen Stamme als Freie deutet. Nach einer seltsamen Ironie sei später von unterjochten Slaven der Begriff und Name der Knechtschaft, der Sklaverei, bei den Deutschen ausgegangen. S. Geschichte der deutschen Sprache. Leipzig 1848. I. Bd. S. 322.

§. 31.
Die Polen.

1) Unter den lechitischen Slavenvölkern, welche die weiten und fruchtbaren Ebenen an der Weichsel einnahmen, hatten im Laufe der Zeit die Polanen (zwischen der Wartha und Weichsel) über andere Zweige ihres Stammes, die Masovier oder Masuren (an der mittlern Weichsel), die Kralovenen (an der obern Weichsel), die Schlesier (an der Oder) und andere, das Uebergewicht erlangt. Ihr Name wurde der gemeinsame dieser lechitischen Slaven, als dieselben durch das Fürstengeschlecht der Piaste nach der Mitte des neunten Jahrhunderts allmählich einer größern politischen Vereinigung zugeführt wurden.

Als Stammvater dieses Herrschergeschlechts, das bis gegen Ende des 14. Jahrhunderts (1370) den polnischen Thron inne hatte, gilt Piast, der Sage nach ein Ackersmann am Goplosee, den die Polanen um 660 zu ihrem Herzog erhoben.

2) Einer seiner Nachkommen, Mieczyslaw I., der als Urenkel des ersten Piast gilt, kam mit Kaiser Otto dem Großen in nähere Berührung, als dieser in der zweiten Hälfte des zehnten Jahrhunderts die slavischen Stämme zwischen Elbe und Oder bekriegte. Auch er war durch den Markgrafen Gero gezwungen worden, vorübergehend die Oberhoheit des deutschen Kaisers

anzuerkennen und sein Land zu Lehen zu nehmen. Zugleich nahm **Mieczyslaw**, der mit der Tochter des Czechenfürsten **Boleslav Dombrowska**, einer Christin, vermählt war, das Christenthum an (um 966), und gründete das erste polnische Bisthum **Posen**. So war die Verbindung mit dem westlichen Europa angeknüpft, und die Polen nahmen mit dem Glauben des Abendlandes auch die Elemente abendländischer Gesittung auf. Schon dadurch traten sie mit ihren östlichen Stammgenossen, den **Russen**, als diese von **Constantinopel** aus den Glauben der morgenländischen oder griechischen Kirche empfingen, in einen fast feindlichen Gegensatz.

3) Unter **Mieczyslaw's** Sohne, **Boleslaw I. Chrobri**, d. i. der Tapfere (992—1025), gelangte das polnische Reich zuerst zu Macht und Ansehen. Er vertilgte selbst mit grausamer Härte die Reste des Heidenthums, stiftete das Erzbisthum **Gnesen**, wo die Gebeine des um die Bekehrung der Polen verdienten Erzbischofs **Adalbert** von Prag, der als Missionär von den heidnischen Preußen erschlagen ward (997), beigesetzt wurden, ferner mehrere Bisthümer wie **Breslau, Krakau, Colberg**. Durch siegreiche Kämpfe gegen die Nachbarn ward das Reich ansehnlich erweitert, so daß es **Masovien**, oder das Land zwischen Weichsel und Bug, **Krakau, Schlesien, Pommerellen** und **Danzig** umfaßte. Ostwärts ward es bis Kiew ausgedehnt. **Boleslaw** ist der eigentliche Gründer des polnischen Reichs. Er selbst nahm zuerst den Königstitel an (1024).

4) Nach **Boleslaw's I.** Tode trat durch Theilungen und Zwist unter seinen Söhnen große Zerrüttung und Verfall ein. Die polnischen Theilfürsten waren theils unter einander, theils mit ihren Nachbarn in fortwährende Kämpfe verwickelt. Doch hob sich das Reich wieder unter **Casimir I.** († 1058) und seinem Sohne **Boleslaw II**. Aber später ward das Reich wiederholt getheilt und litt durch die dadurch hervorgerufenen Bürgerkriege und innern Unruhen. Nach **Casimir II.** Tode (1178) zerfiel das Reich auf längere Zeit in mehrere selbstständige Fürstenthümer: **Masovien, Kleinpolen** an der obern Weichsel, **Großpolen** an der Wartha. **Schlesien** ging schon früher (1163) durch Erbtheilung für die polnische Krone verloren; das Land wurde unter einer piastischen Nebenlinie völlig selbstständig und in seinem weitern Entwicklungsgange durch seine Verbindung mit Deutschland allmählich ganz germanisirt. Uebrigens war **Schlesien** ebenfalls in Folge von Theilungen nach und nach in mehrere Fürstenthümern (Schweidnitz, Oels, Glogau, Oppeln, Teschen, Liegnitz) zersplittert worden.

5) Der eigentliche Wiederhersteller des polnischen Reiches wurde **Wladislaw I.**, mit dem Beinamen **Lokietek** (der Kurze), der Groß- und Kleinpolen wieder zu einem Ganzen vereinigte und sich zu Krakau als König krönen ließ (1320). Uebrigens hatte der höhere Adel die Zeit der Zerrüttung benutzt, um eine fast

unabhängige Stellung im Staate einzunehmen. Um daher die Macht der Großen zu beschränken, berief Wladislaw auch den niedern Adel zu den Reichstagen (1331). Dies hatte indeß bei dem Mangel größerer Städte mit einem bedeutenden Bürgerstande die schlimme Folge, daß nunmehr der gesammte Adel zu einer ausschließlich herrschenden Kaste (die sog. Schlachta) sich bildete, die sich als die Nation selbst betrachtete, während sie die große Mehrheit des Volkes, den Bauernstand in drückender Unterthänigkeit niederhielt.

6) Indeß suchte Wladislaw's Sohn, Casimir III. der Große (1333—70), der Willkür des Adels durch das erste geschriebene Gesetzbuch der Polen, das auf dem Reichstage zu Wislika (1347) zu Stande kam, einige Schranken zu setzen und dessen Macht durch Zuziehung der Kronstädte zu den Reichstagen entgegenzuarbeiten. Ueberhaupt zeigte sich Casimir, den der Adel gern den Bauernkönig nannte, als einen der tüchtigsten polnischen Herrscher; er gründete die Universität Krakau, mehrere Städte, erwarb der polnischen Krone wieder die Oberherrlichkeit über Masovien, ferner Roth-Rußland (Galizien und Lodomirien) und Podolien.

7) Casimir III., mit dem der piastische Mannsstamm in Polen erlosch (1370), suchte die Nachfolge seinem Schwestersohne, dem Könige Ludwig von Ungarn, zuzuwenden, mußte aber, um die Zustimmung des Adels zu erlangen, diesem neue Freiheiten bewilligen, insbesondere, daß ohne Beistimmung des Adels kein Krieg begonnen oder beendigt, und dieser in auswärtigen Kriegen die Heerfolge nicht auf eigene Kosten zu leisten habe. Nach Ludwig's Tod (1382), der die Polen meist sich selbst überließ, wählten diese dessen jüngere Tochter Hedwig zur Königin, während in Ungarn die ältere Tochter Maria folgte. Nach dem Willen der Polen vermählte sich Hedwig mit dem noch heidnischen Großfürsten Jagello des stammverwandten Litthauen, nachdem dieser mit seinem Volke zum Christenthume überzutreten versprochen hatte. So gelangte mit Jagello, als Christ Wladislaw II. genannt, das Haus der Jagellonen (1386—1572) auf den polnischen Thron.

Anmerk. Die schlesische Nebenlinie der Piaste starb erst mit dem Herzog Georg Wilhelm von Liegnitz im Jahre 1675 gänzlich aus.

§. 32.
Polen unter den Jagellonen 1386—1572.

1) Unter dem neuen Herrschergeschlechte der Jagellonen erreichte Polen seine höchste Macht und Ausdehnung. Litthauen zwar, das Wladislaw II. seinem Vetter Witold, nach der Taufe Alexander genannt, überließ, war vorerst nur zeitweise

und erst später bleibend mit der polnischen Krone vereinigt. Aber gegen auswärtige Feinde standen beide Länder, durch dasselbe Herrscherhaus verbunden, meist vereint zusammen. Solcher Macht vermochte der deutsche Ritterorden, der im Jahre 1230 von dem Herzoge Konrad von Masovien gegen die heidnischen Preußen zu Hilfe gerufen, das Küstenland an der Ostsee von der Oder bis zum finnischen Busen sich unterworfen hatte, für die Länge nicht zu widerstehen. Der Orden erlitt gegen die vereinigte polnisch-lithauische Macht unter Wladislaw II. bei Tannenberg (15. Juli 1110) eine blutige Niederlage, in der der Hochmeister Ulrich von Jungingen selbst blieb.

2) Zwar rettete der Comthur Heinrich Reuß von Plauen durch die heldenmüthige Vertheidigung Marienburgs vorerst die selbstständige Herrschaft des Ordens, indem der Polenkönig unter großem Verluste abziehen und nach dem ersten zu Thorn geschlossenen Frieden (1411) mit der Abtretung von Somogitien und Sub-auen sich begnügen mußte. Aber schon unter Wladislaw's zweitem Nachfolger, seinem zweiten Sohne Casimir IV., begann der Krieg von neuem. Denn die Herrschaft des Ordens war durch Uebermuth und Druck bereits im eigenen Lande erschüttert. Als daher der Hochmeister Ulrich von Erlichshausen den preußischen Bund, welchen der Landadel und die Städte in Preußen zur Behauptung ihrer Rechte geschlossen hatten (1440), auflösen wollte, so stellte sich jener unter den Schutz des polnischen Königs Casimir IV. Die Folge war ein dreizehnjähriger Krieg (1154—1466), der das Land schrecklich verwüstete und mit dem für den Orden fast vernichtenden zweiten Frieden zu Thorn (1466) endigte. Denn dieser mußte nicht nur ganz Westpreußen mit Culm, Marienburg und Elbing und das Bisthum Ermeland an Polen abtreten, sondern auch Ostpreußen von der polnischen Krone zu Lehen tragen. Der Sitz des Ordens ward nun nach Königsberg verlegt.

3) Wie sehr aber auch unter dem vierten Casimir Polen durch glückliche Kriege gegen Russen, Türken und Tartaren nach Außen an Glanz und Macht gewann, in seinem Innern ward der Grund zu seinem spätern Falle vollendet. Denn auf dem Reichstage zu Petrikow (1468) setzte der Adel durch, daß der Reichstag künftig gesetzlich nur aus den vom Adel gewählten Landboten (nuncii), zwei aus jedem District, die lediglich nach den von ihren Wählern erhaltenen Instructionen sich zu benehmen hatten, ferner aus den obersten Beamten und höhern Geistlichen bestehen, und diese allein das Recht der Steuerbewilligung haben sollten. Diese streng aristokratische Verfassung ließ einen eigentlichen Bürgerstand und damit eine lebenskräftige Nation nicht aufkommen. Dazu kam, daß durch den später (1652) aufgekommenen Grundsatz des sogen. liberum Veto, d. i. daß eine einzige Stimme, die Einsprache

(Veto) erhob, dadurch die Beschlüsse des ganzen Reichstages aufschieben oder ungültig machen konnte, eine naturgemäße Fortbildung der Verfassung geradezu unmöglich wurde. Eine so maßlose Freiheit der einzelnen Bevorrechteten mußte nothwendig die Freiheit Aller gefährden und die Einheit und Kraft des Staates brechen. Unter solchen Umständen bildeten die Parteien für oder gegen die Durchführung der Reichstagsbeschlüsse gewöhnlich bewaffnete Conföderationen, die Folgen aber waren Anarchie und Bürgerkrieg.

4) Unter dem letzten jagellonischen Könige, Sigismund II. August (1548—1572), erreichte Polens Macht ihren Höhestand. Dieser umsichtige und wohlgesinnte König brachte auf dem Reichstage zu Lublin (1564) die völlige Vereinigung Litthauens nebst dem zu diesem bereits gehörigen Livland mit Polen zu Stande. Warschau ward nun der Sitz des vereinigten Reichstages. Polen umfaßte über 21,000 Q.-M. mit mehr als 18 Millionen Einwohnern. Krakau war damals der Sitz blühender wissenschaftlicher Studien, und in Copernicus (gebor. zu Thorn 1473) hatte die polnische Nation eben einen der größten Geister im Reiche der Wissenschaft hervorgebracht. Die polnische Sprache ward als Schriftsprache ausgebildet, und bald begann Polen unter der slavischen Nationalliteratur, besonders in Poesie, Geschichte und in gelungenen Uebersetzungen klassischer Werke der alten und neuen Zeit, die erste Stelle einzunehmen.

5) Auch die Reformation fand unter Sigismund August in Polen großen Eingang. Ueberhaupt eröffnete dies Land damals eine Freistätte für solche, die ihrer religiösen Ueberzeugungen wegen anderwärts harten Verfolgungen ausgesetzt waren. Den sogenannten Dissidenten (Lutheraner, Calvinisten, Unitarier, Socinianer u. a.) wurden volle Gewissensfreiheit und selbst staatsbürgerliche Rechte gewährt. Mit Sigismund August erlosch in Polen der jagellonische Mannsstamm (1572), der 186 Jahre hindurch den polnischen Thron eingenommen hatte.

§. 33.
Polen unter den Wahlkönigen.

1) Der polnische Adel hatte bereits seit dem Ausgange des piastischen Mannsstammes in Polen die Königswahl bei den jeweiligen Thronerledigungen als ein ihm zustehendes Recht in Anspruch genommen und dasselbe sich mehrmals bestätigen lassen. Doch verblieb man unter den Jagellonen bei dem einmal herrschenden Geschlechte, und beachtete auch das natürliche Recht der Erstgeburt. Erst nach dem Erlöschen der Jagellonen wurde Polen förmlich ein Wahlreich, indem der Adel mit der Thronfolge gleichsam Handel trieb und mit den zum Throne berufenen meist fremden Familien schnell und vielfach wechselte. Die Folgen

waren unaufhörliche Wahlstreitigkeiten der Parteien, durch fremde Mächte genährt, und oft blutige Unruhen im Innern, welche die Selbstsucht der Nachbaren zu Verderben bringender Einmischung reizte. Damit beginnt Polens Verfall.

2) Der zur Wahl des neuen Königs berufene Reichstag (1573) bestimmte vorerst, daß künftig während des jedesmaligen Interregnums der Erzbischof von Gnesen als Primas des Reichs die Regierung leiten solle und setzte dann die Grundgesetze des Reichs, die pacta conventa, fest, die künftig der Neugewählte als eine Wahlcapitulation vor Besitznahme des Thrones zu beschwören hatte. Die Wahl selbst ward durch französischen Einfluß auf den schwachen Heinrich von Anjou (von Valois), Bruder Karl's IX. von Frankreich und einen der Urheber der blutigen Bartholomäusnacht, gelenkt (1573). Doch verließ Heinrich auf die Nachricht von dem Tode seines Bruders schon nach wenigen Monaten heimlich Polen wieder, um den französischen Thron zu besteigen.

3) Die Polen beriefen nun den Fürsten von Siebenbürgen, Stephan Bathory, den Gemahl der Prinzessin Anna, der Schwester des letzten Jagellonischen Königs, auf ihren Thron (1575 — 1586). Dieser tapfere Fürst verstand mit kräftiger Hand die Zügel der Regierung zu führen und den Uebermuth des Adels in einigen Schranken zu halten. Zugleich kräftigte er das Reich nach Außen, indem er die unterworfenen Kosaken in der Ukraine kriegerisch organisirte, um sie als eine Vormauer gegen Russen und Türken zu benutzen. Auch ward der russische Czar Iwan II. Wasiljewitsch durch Gewalt der Waffen gezwungen, seinen Ansprüchen auf Livland gänzlich zu entsagen.

4) Nach Bathory's plötzlichem Tode (1586) gelangte durch eine Partei des Adels das Haus Wasa mit dem schwedischen Kronprinzen Sigismund III., der von mütterlicher Seite ebenfalls den Jagellonen entstammte, auf den polnischen Thron (1587—1668). Jener schwache Regent war ganz den Jesuiten verfallen, die durch ihn viel Unglück über Polen und Schweden, dessen Thron er 1592 ebenfalls bestieg, heraufführten. Denn bald begannen harte Verfolgungen der Dissidenten, die von allen öffentlichen Aemtern und Stellen entfernt und in ihren Rechten beschränkt wurden. So kam zu der politischen Parteiung noch heftiger kirchlicher Zwiespalt.

Uebrigens riß sich Schweden von dieser Verbindung mit Polen wieder los, indem die schwedischen Stände den König Sigismund wegen seines religiösen Fanatismus entsetzten und ihre Krone an dessen Oheim Karl IX. übertrugen (1599). Da aber jener seinem Rechte auf die schwedische Krone nicht entsagen wollte, so kam es unter Karl, noch mehr aber unter seinem großen Nachfolger Gustav Adolph (1611—1632) zu wiederholten blutigen Kriegen mit Polen, die in der Folge empfindliche Verluste für Polen nach sich zogen. Ebenso mißlang Sigismund's Plan, seinem Sohne

Wladislaw die russische Krone zu erwerben und den Türken die Moldau zu entreißen.

5) Indessen folgten nach Sigismund's Tode (1632) zuerst sein älterer Sohn Wladislaw IV., der tapfer und glücklich gegen Rußland kämpfte und bis Moskau vordrang, und nach dessen kinderlosem Absterben der jüngere Sohn Johann Casimir (1648—1669). Die lange Regierung dieses Regenten war für Polen nur durch Unglücksfälle und Verluste ausgezeichnet. Zuerst erhoben sich die Kosaken, durch religiösen und politischen Druck gereizt, gegen die Polen und unterwarfen sich dem Schutze Rußlands (1654). In den hierüber ausgebrochenen Kosakenkriegen, an denen Rußland Theil nahm, mußte Polen im Frieden zu Andrussow (1667) Kiew, Smolensk, Severien u. a. an Rußland überlassen.

6) Noch gefährlicher ward ein zu gleicher Zeit erneuerter Krieg mit Schweden (1654—1660). Denn da Johann Casimir gleich seinen Vorgängern den Titel eines Königs von Schweden nicht entsagen wollte, so brach Karl X. Gustav, mit dem das Haus Zweibrücken 1654 den schwedischen Thron bestiegen hatte, sofort mit einem Heere in Polen ein und eroberte von einer polnischen Fraktion unterstützt Posen, Warschau und Krakau. Johann Casimir entfloh nach Schlesien, und das Reich schien der völligen Auflösung nahe.

7) Zugleich ward dieser nordische Krieg ein allgemeiner, indem der Churfürst von Brandenburg mit Schweden gegen Polen sich verbündete, dagegen Dänemark wider Schweden auftrat. Uebrigens ermannten sich jetzt die Polen und traten zu einer bewaffneten Conföderation zusammen, unterlagen zwar nochmals in der dreitägigen blutigen Schlacht bei Praga (18.—20. Juli 1656); doch gelang es ihnen, die Gegner zu trennen. Brandenburg schloß Frieden, indem ihm Polen in dem Vertrage zu Wehlau (1657) die volle Souveränität über das Herzogthum Ostpreußen zugestand. Auch erklärten sich Holland, Kaiser Leopold I. und selbst Rußland gegen die Eroberungspläne Schwedens. Dies führte nach Karl X. Gustav's Tode zu schnellen Friedensschlüssen. In dem Frieden zu Oliva (3. Mai 1660) entsagte Johann Casimir allen Ansprüchen auf Schweden, an das Polen zugleich Esthland und Livland abtreten mußte. Johann Casimir aber legte nach so vielen Unfällen die Krone nieder (1668) und zog sich in das Kloster St. Germain in Frankreich zurück, wo er, der letzte männliche Sprosse des Hauses Wasa, als Abt verstarb (1672).

§. 34.

Fortsetzung.

1) Die innern Zustände der Polen hatten sich bereits während der letzten Kriege so verwirrt, daß nach Johann Casimir's

Abdankung von zwei einheimischen aus ihrer Mitte erwählten Königen der erste (**Michael Wisniowiecki** 1669—1673) die Krone anzunehmen Bedenken trug. Der zweite aber, **Johann Sobieski** (1674—1696), konnte trotz seiner in den Türkenkriegen, zumal durch den glänzenden Sieg bei **Choczim** (1673) und in der **Schlacht bei Wien** (12. Sept. 1683), bewährten Heldenkraft in Polen selbst zu keinem Ansehen gelangen.

2) Nach **Sobieski's** Tode (1696) bekämpften sich bei der neuen Königswahl eine **französische** und eine **sächsische Partei**, jene für den von **Ludwig XIV.** von Frankreich empfohlenen Prinzen **Conti**, diese für den Kurfürsten **Friedrich August** von **Sachsen**. Letzterer drang durch reiche Geldspendungen und Religionswechsel, indem er vom Protestantismus zur katholischen Kirche übertrat, endlich durch. So gelangte mit **August II.** das Haus **Sachsen** zur **polnischen** Krone (1697—1763). Fast zu gleicher Zeit traten in dem Norden wichtige Ereignisse ein, welche die Stellung der dortigen Staaten zu einander wesentlich veränderten und das in sich selbst haltlos gewordene Polen der Einmischung und den Intriguen seiner Nachbarn bald gänzlich überlieferten.

3) Den nächsten Anstoß hierzu gab der große **nordische Krieg** (1700—1721), den **August II.** in Verbindung mit **Dänemark** und **Rußland** gegen **Karl XII.** von **Schweden** hervorrief und der zunächst für ihn und sein Königreich Polen eine sehr unglückliche Wendung nahm. Denn **Karl XII.** vertrieb ihn nicht nur aus Polen, sondern der Sieger bestimmte auch den polnischen Reichstag (1704) an die Stelle des Kurfürsten den Wojewoden von Posen, **Stanislaus Leszczynski**, zum Könige zu erwählen. Zwar kehrte **August II.** nach **Karl's** Niederlage bei **Pultawa** (1707) auf den polnischen Thron zurück, aber ein verschwenderisches und üppiges Hofleben, dem er und noch mehr sein Sohn und Nachfolger **August III.** huldigten, ließ nicht nur zwischen diesen und der Nation kein Vertrauen aufkommen, sondern wirkte auch höchst verderblich auf die Sitten des höhern polnischen Adels. Zugleich mehrten neue Religionsbedrückungen gegen die Dissidenten, durch die Jesuiten hervorgerufen, die Anarchie im Innern. Die Dissidenten verloren alle ihnen früher verbrieften politischen Rechte; sie wurden von allen öffentlichen Aemtern, vom Eintritte in die Gerichtshöfe und den Reichstag ausgeschlossen.

4) Nach **August's II.** Tode (1733) wurde der vertriebene **Stanislaus Leszczynski**, dessen Tochter **Maria** unterdessen an **Ludwig XV.** von Frankreich vermählt worden war, von den Polen fast einstimmig auf den Thron zurückberufen. Aber des verstorbenen Königs Sohn, **August III.**, in Polen von einer Partei zum Könige ausgerufen, gewann Rußland und Oestreich für sich und sofort rückte ein russisches Heer in Polen ein (polnischer Erbfolgekrieg 1733—35). Zwar erklärten sich Frankreich,

Spanien und Savoyen für Stanislaus Leschynski, ließen ihn aber ohne wirksame Unterstützung. Danzig, wohin Stanislaus flüchten mußte, ergab sich den Russen, nachdem jener verkleidet aus der Stadt entkommen war. Stanislaus aber erhielt im Wiener Frieden (1735) Lothringen, nachdem er vorher auf die polnische Krone Verzicht geleistet hatte. Seitdem knüpfen sich Polens Geschicke enger an Rußland, dem August III. die Krone verdankte.

Rußland.

§. 35.
Die Russen. Das Haus Rurik.

1) Die Hauptmasse der Bevölkerung des heutigen Rußland bilden slavische Stämme, welche seit frühester Zeit unter verschiedenen Benennungen in dem alten Sarmatenlande nomadisch umhergezogen und allmählich in den weiten zum Ackerbau wohl geeigneten Flachländern von der Ostsee bis zum Dnjepr hinauf sich seßhaft niederließen. Seit dem sechsten Jahrhundert werden sie unter dem Gesammtnamen Slaven begriffen. — An ihrer Nordseite von der Grenze Scandinaviens längs des nördlichen Oceans bis über den Ural hinaus hausten die Tschuden, wilde Jäger- und Fischervölker finnischer Abstammung, durch Sprache und Lebensweise von Slaven und Germanen verschieden. Im Süden an den Grenzen des griechischen Reiches, an Wolga und Don zogen tatarische Nomadenstämme, Chazaren, Petschenegen u. a. umher.

2) Die Slavenstämme hatten im Laufe des 6. Jahrhunderts im Süden Kiew am Dnjepr, wohl die älteste Stadt Rußlands, und im Norden Nowgorod am Wolchow, unweit des Ilmensee, als Anhalts- und Ausgangspunkte einer staatlichen Herrschaft gegründet. Aber die Stiftung einer Reichseinheit unter ihnen oder des russischen Reiches ist von germanischen Einwanderern (um 860) ausgegangen. Wie nämlich die dänischen und norwegischen Normannen das westliche und südliche Europa durch ihre See- und Raubzüge heimsuchten, so wendeten sich schwedische Normannen ostwärts nach dem Slavenlande, wo sie sich an der baltischen Küste (vom heutigen Reval bis Petersburg) niederließen. Sie hießen hier Waräger (Warangen), wahrscheinlich das nordgermanische Widinger, d. i. wagehafte, kühne Abenteurer oder Kämpfer.

3) Uebrigens erwehrten sich die Slaven lange der Angriffe dieser Normannen und behaupteten ihre Selbstständigkeit. Als aber, so erzählt die russische von Nestor, dem ältesten Geschichtschreiber Rußlands, bewahrte Sage, Unordnung und Gesetzlosigkeit bei den Slaven überhand genommen, da hätten diese selbst nach dem Rathe ihrer Aeltesten Gesandte zu den von ihnen wegen ihrer Tapferkeit hochgeachteten Warägern gesendet und sie eingeladen, bei ihnen die Oberherrschaft zu übernehmen, um dadurch ihren ewigen Streitigkeiten ein Ende zu machen. Rurik, der tapfere Führer des warägischen Stammes Roß oder Ruß folgte der Einladung und gründete zu Nowgorod (um 862) ein Großfürstenthum, dessen Oberhoheit als der des Großfürsten sich die einheimischen Fürsten der Slaven, die Bojaren, unterwarfen. Nowgorod ist darum als der älteste Sitz und die von Rurik daselbst begründete Herrschaft als der Anfang des russischen Reiches zu betrachten.

4) Inzwischen waren andere Schaaren von Warägern nachgefolgt und hatten unter ihrem Führer Askold im Süden des Slavenlandes, namentlich zu Kiew, sich festgesetzt. So war zu Kiew ein zweites slavisch-warägisches Staatswesen entstanden, das anfangs vom nowgorodischen Reiche unabhängig war. Aber nach Rurik's Tode vereinigte Oleg oder Olaf, der als Vormund für Rurik's Sohn Igor regierte, die beiden Herrschaften der Waräger miteinander, und machte Kiew zum Hauptsitz des vereinigten slavisch-russischen Reiches. In diesem verschwanden die warägischen Russen nach und nach unter den an Zahl überlegenen Slaven, nahmen deren Sprache und Sitten an, doch erhielten nach ihnen Land und Volk ihren Namen.

5) Rurik's Nachkommen dehnten ihre Besitzungen mehr und mehr aus und herrschten bis 1598 über das Volk der Russen.

Zum Christenthum bekannte sich zuerst Igor's Gemahlin Olga, die nach seinem Tode für ihren Sohn Swatoslaw die Regentschaft führte und zu Constantinopel sich taufen ließ (955). Doch erst unter ihrem Enkel Wladimir I. wurde das Christenthum unter den Russen allgemein verbreitet.

6) Swatoslaw hatte das Reich unter seine drei Söhne getheilt. Aber der jüngste derselben Wladimir I. der Große vereinigte nach dem Tode seiner Brüder die Fürstenthümer und wurde wieder Alleinherrscher (980—1015). Zugleich erweiterte er das Reich durch Eroberungen und sicherte es durch abgeschlossene Naturgrenzen (Dnjepr, Düna und Ladogasee). Weit wichtiger aber war, daß Wladimir das griechische Christenthum (986) annahm, als er sich mit der byzantinischen Prinzessin Anna, der Schwester der deutschen Kaiserin Theophania, zu Cherson vermählte. Wladimir ließ nach seiner Rückkehr nach Kiew die Götzenbilder zerschlagen, das Volk aber empfing nach seinem Befehl

die Taufe im Dnjepr. Seitdem stand Rußland in enger Verbindung mit der griechischen Kirche, und der Patriarch von Kiew ward dem Patriarchen von Constantinopel untergeordnet.

7) So wurden manche Keime der Cultur (Schreibekunst, Baukunst u. a.) unter dem russischen Volke verbreitet, das jedoch, weil es der Bildung des westlichen Europas lange fremd blieb, einen mehr orientalischen Charakter annahm und bei seiner Abgeschlossenheit nur langsam aus seiner frühern Rohheit sich entwickeln konnte. Nur zu Nowgorod, das schon zu Anfang des eilften Jahrhunderts von den Großfürsten besondere Stadtrechte erhielt und mit der deutschen Hansa in lebhaften Verkehr trat, übte die westeuropäische Gesittung schon frühe wohlthätigen Einfluß und schuf hier ein freiheitliches bürgerliches Leben.

8) Wladimir hatte das Reich vor seinem Tode (1015) unter seine 12 Söhne getheilt; doch sollten die einzelnen Fürstenthümer unter dem Großfurstenthum zu Kiew vereinigt bleiben. Seitdem war das russische Reich, da die Idee der Staatseinheit noch nicht durchgegriffen hatte und die Söhne gern in den Besitz des Vaters sich theilten, bis in die Mitte des 15. Jahrhunderts meist in mehrere Fürstenthümer zersplittert, die sich in blutigem Familienzwist der Herrscher gegenseitig bekriegten und schwächten, indem sie selten geneigt waren, dem Großfürsten von Kiew sich zu unterordnen. Außer Kiew waren Wladimir, Moskwa (1147 erbaut) Hauptsitze der Herrscher.

Anmerk. Nestor, Mönch zu Kiew gegen Ende des 11. Jahrhunderts, Russische Annalen, aus dem Slawischen übersetzt von A. L. Schlözer. 5 Bde. 1802—9.
Karamsin, Geschichte des russischen Reiches. 1816—24. 11 Bde. (12. Bd. von Bludow). Hauptwerk über russische Geschichte.
Müller, Altrussische Geschichte nach Nestor. 1812.
Strahl und Herman, Geschichte von Rußland. Bd. 1—5. Hamburg 1832—1853.
J. P. G. Ewers, Geschichte der Russen. 1816.
Die russischen Geschichtswerke von Polewoi (6 Bde. Moskau 1829—33), Ustrialow (3. Aufl. 2 Bde. 1847), Solowjew (Bd. 1—15. Moskau 1851—65).

§. 36.

Die Mongolen in Rußland.

1) Die weitere nationale Entwickelung Rußlands wurde durch den Einfall der Mongolen im Anfange des 13. Jahrhunderts auf längere Zeit unterbrochen. Jene zahllosen Nomadenstämme, welche unter dem gemeinsamen Namen Mongolen begriffen das hinterasiatische Hochland (zwischen Sibirien und China) durchstreifen und von diesen ihren Ursitzen aus unter Attila schon einmal Eu-

ropa überschwemmt hatten, fanden gegen Ende des 12. Jahrhunderts in einem ihrer Khane ein Oberhaupt, das die rohe Kraft dieser streitbaren Hirten- und Jägervölker zur Bewältigung zweier Welttheile fort trieb. Temudschin (gebor. 1155) hatte sich als Häuptling mehrerer Horden in den Kriegen der Mongolen unter einander durch Tapferkeit und Kühnheit hervorgethan. Er wurde in einer Versammlung von Abgeordneten der Mongolenstämme an den Quellen des Onon nach dem Vorschlage eines für heilig gehaltenen Schamanen oder mongolischen Sehers zum Dschingis-Khan, d. i. Groß-Khan, erhoben (1204). Zugleich hatte ihm jener prophezeit, daß er über die ganze Erde herrschen werde. Dschingis-Khan, zur Oberherrschaft in der Mongolei gelangt, gab den Mongolen manche zweckmäßige ihren Sitten angemessene Gesetze und militärische Einrichtungen, und stählte dadurch die Stämme zu großen und verwüstenden Eroberungszügen. Außer China erlagen nach einander alle Staaten des mittlern Asiens bis zur syrischen Meeresküste und zu den Usern des Dnepr der wilden und unwiderstehlichen Kraft der mongolischen Reiterschaaren.

2) Tuschi, Temudschin's Sohn, mit einem großen Heere nach Westen gesandt, drang in Rußland ein und unterwarf nach einem großen Siege über die Russen an dem Flusse Kalka (jetzt Kaletza, 31. Mai 1224) den südlichen Theil desselben. Die Russen wurden abhängig und die Großfürsten mußten jährlich Tribut an das mongolische Khanat Kaptschak (zwischen der Wolga und dem Aralsee) zahlen. Denn Dschingis-Khan war bereits 1227 aus dem Leben geschieden, nachdem er noch vorher das Reich unter seine vier Söhne getheilt und ihnen vor Allem Eintracht empfohlen hatte.

Die Söhne setzten die Eroberungszüge in Asien und in Europa fort. Batu, Tuschi's Sohn, drang 1237 von neuem in Rußland ein, nahm Moskau und Kiew weg, und zog verwüstend westwärts durch Polen bis nach Schlesien. Hier standen wider sie die Deutschen Ritter, Polen und Schlesier in der blutigen Schlacht auf der Wahlstatt (9. April 1241), und bewirkten wenigstens, daß die Mongolen von einem weiteren Vordringen nach Westen abstanden.

Rußland aber blieb in den Händen der Mongolen. Nur Nowgorod hatte durch Verträge seine Unabhängigkeit bewahrt und blieb nun eine freie Stadt mitten in der Barbarei mongolischer Verwüstung; die Stadt gab sich eine den deutschen Städteordnungen nachgebildete Verfassung und wurde eine Hauptniederlage der Hanse für ihren Handel nach dem nordöstlichen Europa.

3) Wiewohl die Großfürsten wiederholte Versuche zur Befreiung machten, so dauerte die drückende und grausame Herrschaft der Mongolen über Rußland doch über 200 Jahre und hörte erst auf, als die Macht des Kaptschakischen Khanats oder der sogenannten goldenen Horde, wozu Rußland gehörte, durch das Auftreten

eines neuen tatarischen Welteroberers im 14. Jahrhundert erschüttert worden war und zu sinken begann. Dies war Timur (gewöhnlich Tamerlan genannt, geboren um 1306), der für einen Nachkommen Dschingis-Khans galt und in Dschagatai oder Turkestau der obersten Gewalt sich zu bemächtigen wußte. Er machte Samarkand zum Hauptsitz eines mongolischen Reiches, das er in schnellen und verwüstenden Eroberungszügen von China über das mittlere und vordere Asien bis nach Aegypten hin ausdehnte. Auch nach Rußland unternahm Timur einen siegreichen Einfall (1395) und unterwarf das Land bis Moskau hin seiner Oberherrlichkeit. Aber nach seinem Tode (1405) zerfiel sein Reich ebenso schnell als es gegründet worden war, in mehrere Theile. Von dem Kaptschakischen Khanate trennten sich die Reiche von Asow (Krimm), von Kasan und Astrachan. Der eigentliche Befreier Rußlands von der Mongolenherrschaft im 15. Jahrhundert und der zweite Begründer des russischen Reiches wurde

4) Iwan I. Wasiljewitsch der Große (1462—1505), Großfürst in Wladimir und Moskwa. Er vereinigte die noch übrigen russischen Fürstenthümer und unterwarf auch das reiche und freie Nowgorod (1478), dessen vornehmste Familien er nach Moskau verpflanzte. Darauf verweigerte Iwan den Mongolen den bisher bezahlten Tribut und machte der Herrschaft der goldenen Horde ein Ende (um 1477). Bald folgte die Eroberung Kasans (1487). Um den verderblichen Theilungen ein Ende zu machen, führte Iwan als Grundgesetz die Untheilbarkeit des Reiches ein (1466) und nannte sich zuerst Czar oder Selbstherrscher von ganz Rußland. Auch erfolgten unter ihm die ersten Anfänge europäischer Kultur in Rußland, indem er Handwerker und Künstler aus Deutschland und Italien berief. Der seit 1300 in der Residenzstadt Moskwa aus Holz angelegte Kreml wurde nun aus Stein in edlerem Styl von italienischen Baumeistern umgebaut.

5) Seit der Befreiung von der mongolischen Herrschaft stieg Rußlands Macht mit außerordentlicher Schnelligkeit. Iwan I. hinterließ ein Reich von etwa 37,000 Q.-M.; schon unter seinem zweiten Nachfolger Iwan II. Wasiljewitsch (1533—1584, der Schreckliche) umfaßte das russische Reich über 125,000 Q.-M. Auch dieser förderte den Eingang westeuropäischer Kultur, indem er auswärtige Handwerker, Künstler und Gelehrte, besonders aus Deutschland, nach Rußland berief. Unter ihm entstand die erste Buchdruckerei in Moskau (1561). Auch zu einem regelmäßigen Handelsverkehre mit dem westlichen Europa wurde unter diesem Regenten durch einen mit der Königin Elisabeth von England abgeschlossenen Vertrag (1553) der Anfang gemacht, nachdem die Engländer den Seeweg nach Archangel aufgefunden hatten. — Iwan II. errichtete das Corps der Strelizen (Strjelzi = Schützen),

die mit Feuergewehren bewaffnet wurden und einen regelmäßigen Sold erhielten, der Anfang eines stehenden Heeres in Rußland. Ein Krieg mit Polen unter Stephan Bathory und mit Schweden, um Livland zu erwerben, verlief zwar unglücklich; dagegen wurde das Reich nach Osten erweitert durch Eroberung des Reichs von Astrachan (1554). Auch begann unter ihm die Eroberung (des von dem Kosaken Jermak um 1578 entdeckten) Sibiriens (1581), die aber erst unter seinen Nachfolgern vollendet wurde.

6) Mit seinem Sohne Feodor I. (1584—1598), der Ingermanland von Schweden gegen Ueberlassung von Estland erworben hatte, starb Rurik's Mannsstamm aus (1598). Thronstreitigkeiten und auswärtige Einmischung insbesondere der Polen zerrütteten Rußland nun 15 Jahre hindurch. Nach Feodor's Tode behielt nämlich mit Zustimmung der russischen Großen dessen Schwager Boris Gudunow die Zügel der Regierung, die er schon unter Feodor in Händen hatte. Man beschuldigte ihn, durch arglistige Ermordung des Demetrius (Dmitri) Feodor's Stiefbruders, den Weg zum Throne sich gebahnt zu haben. Bald trat ein falscher Demetrius auf, fand Anhang in Rußland und Unterstützung insbesondere bei den Polen, die ihn als Werkzeug benutzen wollten, um ihren Einfluß in dem zerrütteten Lande fest zu begründen. Er war ein griechischer Mönch Namens Gregor Otrepjew, der behauptete, der geglaubte Sohn Iwan's und seinen Mördern entronnen zu sein. Von dem polnischen Könige Sigismund III. unterstützt begann er den Krieg gegen Boris, der nach mehreren Niederlagen sich selbst tödtete (1605).

7) Der angebliche Demetrius gewann Moskau, wo er mit Hilfe polnischer Truppen seine Regierung mit Kraft und Umsicht begann. Doch brach bald von Seiten der national-russischen Partei ein Aufstand gegen ihn aus. Während er im Kreml seine Vermählung mit einer Polin feierte, wurde er überfallen und mit vielen Polen ermordet (1606). An seine Stelle trat der Führer des Aufstandes, Fürst Wasily Schniskoi, der jedoch nach wenigen Jahren von der polnisch gesinnten Partei verdrängt und in ein Kloster gesteckt wurde (1610). Zugleich war ein zweiter, bald ein dritter (später noch ein vierter) falscher Demetrius aufgetreten, die aber sämmtlich nach kurzer Zeit ihren Untergang fanden.

8) Bei solcher Verwirrung Rußlands in seinem Innern war ein großer Theil der Bojaren bereit, des polnischen Königs Sigismund III. ältesten Sohn Wladislaw als ihren Czar anzuerkennen (1610). Aber dessen Herrschaft hatte nur kurzen Bestand. Denn als Sigismund, von den Jesuiten verleitet, damit umging, den Russen den römischen Ritus aufzudringen, so ermannten sich diese und vertrieben die polnischen Truppen aus dem Lande (1612). Darauf wählten sie zu Moskau den 17jährigen Michael

Feodorowitsch Romanow, den Sohn des Metropoliten Philaret von Rostow, einmüthig zum Czar (21. Febr. 16 3).

Das Haus Romanow, das in weiblicher Nachkommenschaft jetzt noch den russischen Thron inne hat, ist ein altes Bojarengeschlecht, das durch Heirathsverbindungen dem Herrscherhause Rurik verwandt war. Der junge Czar, anfangs von seinem zum Patriarchen von Moskau erhobenen Vater geleitet, herrschte als ein wohlwollender Fürst, der vor Allem bestrebt war, friedliche Verhältnisse mit den Nachbarn, den Schweden und Polen, die Rußlands innere Zerrüttung zu Eroberungen benutzt hatten, wiederherzustellen. Dies wurde durch nicht unbedeutende Länderabtretungen (Ingermanland schwedisch, Smolensk, Severien, Tschernigow polnisch) erreicht.

§. 37.
Das Haus Romanow. Peter I.

1) Unter den meist kräftigen Regenten aus dem Hause Romanow, das seit 1613—1762 in männlicher, und dann in weiblicher Linie noch jetzt den russischen Thron inne hat, wurde Rußland nach und nach zu einem civilisirten europäischen Staate umgeschaffen, dessen Macht und Einfluß seitdem fortwährend im Steigen sind. Schon die ersten Romanow, Michael (1613 1645), sein Sohn Alexei (—1676) und sein Enkel Feodor III. (—1682) befestigten mit Kraft ihre Herrschaft im Innern und hoben Rußlands Ansehen nach Außen. Feodor ließ die Rosrjädsbücher oder die Urkunden und Verzeichnisse der Privilegien des Adels verbrennen. Dadurch wurde die bisher vorherrschende Macht der Aristokratie und deren Ansprüche auf erblichen Besitz der höhern Stellen im Staate vernichtet.

Feodor III. starb kinderlos. Nach seiner Anordnung folgte ihm, mit Uebergehung seines schwachsinnigen rechten Bruders Iwan, sein jüngerer erst zehnjähriger Halbbruder

2) Peter der Große (1682—1725)[1]. Die Vormundschaft über beide führte die ältere Schwester Sophia, die als Regentin mit einigen Großen bewirkte, daß beide Brüder, Iwan III. und Peter I., zugleich als Czaren ausgerufen wurden. Als die herrschsüchtige Schwester später mit Hilfe der Strelitzen Peter ganz verdrängen wollte, so wurde sie von diesem in ein Kloster geschickt (1689). Seitdem war Peter Alleinherrscher, indem Iwan III. ihm freiwillig die Regierung überließ. Iwan's Tod erfolgte schon 1696. Er hinterließ zwei Töchter, von denen die jüngere Anna mit dem Herzoge Friedrich von Curland vermählt wurde und 1730 den russischen Thron bestieg[2].

3) In seiner Jugend in dem Dorfe Preobraschensk bei Moskau von dem Genfer Lefort gebildet und später von diesem, dem Schotten Gordon und von dem aus dem Bauernstande zum

Fürsten erhobenen thatkräftigen Menzikow unterstützt, trat Peter als Reformator des russischen Reiches auf mit einer Kraft des Willens und einem ausdauernden Muthe, die ihm mit Recht den Namen des Großen sichern.

4) Zunächst suchte er ein nach europäischer Weise disciplinirtes Heer und eine Flotte zu schaffen. Es entstand bald ein Heer, auf das er sich gegenüber den Gegnern seiner reformatorischen Bestrebungen verlassen konnte. Um die europäische Gesittung aus eigener Anschauung kennen zu lernen, unternahm er nicht als Czar, sondern im Gefolge seiner eigenen Gesandtschaft eine Reise durch Deutschland nach Holland und England (1697, 98). Unerkannt lebte er einige Zeit als Meister Peter Michaelow im holländischen Dorfe Saardam, um als Arbeiter den Schiffbau gründlich kennen zu lernen. Von England ging er nach Wien, um das deutsche Kriegswesen zu studieren. Von hier rief ihn ein neuer Aufstand der den Einflüssen des Altrussenthums offenen Strelitzen (1698), wobei seine Schwester abermals betheiligt erschien, nach Moskau zurück. Die Empörer wurden strenge bestraft und das Corps aufgelös't (1698).

5) Nun begann Peter eine Reihe durchgreifender Reformen, zunächst mit Einschränkung der Geistlichkeit und des Adels. Das Patriarchat wurde abgeschafft, indem er diese Würde nach dem Tode des Patriarchen Adrian zu Moskau unbesetzt ließ. An die Stelle des Patriarchats trat bald die heilige Synode als oberste geistliche Behörde Rußlands, jedoch unter dem Kaiser. Zugleich ertheilte Peter Katholiken und Protestanten volle Religionsfreiheit. Die Bojarenwürde wurde aufgehoben und dem Geburtsadel ein Verdienstadel von 14 Klassen entgegengestellt. Höchste Reichsbehörde wurde der dirigirende Senat. Zur Förderung wissenschaftlicher Bildung stiftete Peter (nach den Rathschlägen des deutschen Philosophen Leibniz die Petersburger Akademie der Wissenschaften (8. Febr. 1724). Auch erließ Peter das Gesetz, daß der Kaiser nach eigenem Ermessen zu seinem Nachfolger ernennen könne, wen er wolle (1722). Erst später wurde durch Kaiser Paul eine bestimmte Successionsacte (1797) festgestellt, um den Erschütterungen bei der Erbfolge vorzubeugen.

6) Um Schifffahrt und Handel emporzubringen, war Peter eifrigst bestrebt, sich den Besitz von Küstenländern zu verschaffen. Durch Theilnahme am Türkenkriege des deutschen Kaisers erhielt er im Frieden zu Karlowitz (1699) die Stadt Asow mit Gebiet und freie Schifffahrt auf dem schwarzen Meere. — Sein Plan, auch Besitzungen und einen Hafen an der Ostsee zu gewinnen, verwickelte ihn in den großen nordischen Krieg.

¹) Bergmann, Peter der Große als Mensch und Regent. 6 Bde. 1823—30. Grosse, Peter des Großen Leben und Wirken. 2 Bde. 1836. — Die Werke von Ustraelow, (6 Bde., Petersb. 1858—63), Bauer, Reiche u. A.

*) Die ältere Tochter Katharina ward an den Herzog von Mecklenburg verheirathet, und eine dieser Ehe entsprossene Tochter, Anna, dem Herzog Anton Ulrich von Braunschweig vermählt. Der Sohn dieser Anna ist der unglückliche Kaiser Iwan IV.

§. 39.

Der nordische Krieg. 1700—1721.

1) Die Hauptursache zu diesem zwanzigjährigen Kriege war, daß August II. König von Polen und Kurfürst von Sachsen und Friedrich IV. König von Dänemark hauptsächlich auf Betreiben des Livländers Patkul¹) sich heimlich mit einander verbündeten (1699), um die an Schweden verlorenen Länder längs der Ostsee wieder zu erlangen, als nach Karl's XI. Tode (15. April 1697) sein erst 15jähriger Sohn Karl XII. den schwedischen Thron bestiegen hatte. Peter I. von Rußland ließ sich gerne für diesen Plan gewinnen, der ihm die ersehnte Aussicht bot, die am finnischen Meerbusen gelegenen schwedischen Besitzungen in seine Hände zu bringen. Bei der Jugend des neuen Schwedenkönigs hielten die Verbündeten ihren Plan für leicht ausführbar.

2) Karl XII, noch im Jahre 1697 von den schwedischen Reichsständen mündig erklärt, entwickelte aber seinen Feinden gegenüber eine Thatkraft und Heldengröße, die, wenn sie mit gleicher politischen Einsicht und Mäßigung verbunden gewesen wären, ihn zu einem der größten Regenten erhoben und Schwedens Uebergewicht im Norden für die Dauer hätten feststellen mögen.

3) Den Anfang des Krieges machten die Dänen, indem sie mit einem Einfall in Schleswig Karl's XII. Schwager und Jugendfreund, den Herzog Friedrich von Holstein-Gottorp, feindlich behandelten. Fast zu derselben Zeit rückten die Sachsen vor Riga, der Hauptstadt Livlands, und die Russen in Esthland (1700) ein. Karl, zuerst seinem Schwager, dem Herzoge Friedrich von Holstein-Gottorp zu Hilfe eilend, schiffte kühn nach Seeland hinüber (Juli 1800), bedrohte Kopenhagen und nöthigte Friedrich IV. zum Frieden von Travendahl (im Holsteinischen, 18. Aug. 1700), worin dieser dem Bündnisse gegen Schweden entsagte, den frühern Besitzstand anerkannte und den Herzog zu entschädigen versprach.

4) Karl wendete sich darauf gegen die Russen, die 32,000 Mann stark, unter dem Herzoge von Croy Narwa in Ingermanland belagerten. Karl errang hier einen glänzenden Sieg am 30. Nov. 1700, mit einem weit schwächern Heere (9000 Schweden).

5) Karl, ohne seinen Sieg gegen die Russen weiter zu verfolgen, ging über die Düna und fiel über die Polen und Sachsen her, deren Niederlage bei Riga (18. Juli 1701) ihm Curland in die Hände lieferte. Darauf drang er in Polen selbst ein, schlug wiederholt die Heere des Königs August (bei Clissow 20. Juli

1702. bei Pultusk 1. Mai 1703) und beredete die unter sich entzweiten Polen, jenen abzusetzen und den Wohwoden von Posen, Stanislaus Lesczynski, zu Warschau sich zum Könige zu wählen (13. Juli 1704).

6) Nach einem neuen Siege des schwedischen Generals Rhenstiold über die Sachsen bei Fraustadt (1706), drang Karl durch Schlesien in Sachsen selbst ein, und nöthigte August II. im Frieden zu Altranstädt (25. Sept. 1706) der polnischen Krone und dem Bündnisse mit dem Czar zu entsagen. Die Schweden aber bezogen in Sachsen ihre Winterquartiere und während derselben dort ihren Unterhalt und Sold.

*) Patkul, ein livländischer Gutsbesitzer, hatte sich Namens der livländischen Ritterschaft, der er angehörte, in Wort und Schrift gegen die Uebergriffe und den Druck der schwedischen Herrschaft erhoben. Da er zugleich Hauptmann im schwedischen Heere war, so wurde er in Stockholm als Rebell erklärt und zum Tode verurtheilt; seine Güter wurden eingezogen. Patkul war in's Ausland entflohen und trat in sächsische Dienste zu der Zeit, als August II. mit dem Kriege gegen Schweden umging. Patkul war der eifrige Beförderer dieses Plans und vermittelte des Bündniß mit Rußland. Patkul trat nun in russische Dienste und wurde von Peter I. zu seinem Gesandten in Dresden bestellt. Kurz vor dem Einmarsche der Schweden in Sachsen wurde Patkul mit Andern auf Befehl der sächsischen Regierung verhaftet und auf die Festung Königstein gebracht. Man beschuldigte ihn, mit Schweden heimlich in Verbindung getreten zu sein, um einen Frieden zwischen jenem und Rußland zu Stande zu bringen. Nach einer Bestimmung des Altranstädter Traktats mußte August II. Patkul an Karl XII. ausliefern. Er wurde nun durch ein schwedisches Kriegsgericht als Landesverräther zum Tode verurtheilt und darauf grausam (durch Viertheilung) hingerichtet (Oct. 1707). Die Einsprache des Czaren Peter war unbeachtet geblieben.

§. 39.
Fortsetzung.

1) Während Karl, mehr von den Gefühlen der Rache, als von richtiger Würdigung seiner Gegner geleitet, August II. verfolgte und zu lange in Polen und Sachsen verweilte, hatte Peter Zeit gefunden, sich gehörig zu rüsten und seinen Plan in Bezug auf die Ostsee sofort zur Ausführung zu bringen. Er eroberte Ingermanland, einen Theil von Livland und Esthland und gründete am Ausflusse der Newa eine neue Hauptstadt Petersburg, wozu er am Pfingstfeste, 27. Mai 1703 den Grund legte und die er bald zur bleibenden Residenz erhob. Im folgenden Jahre ward auf einer nahen Insel die Festung Kronstadt als Schlüssel von Petersburg angelegt.

2) Erst im August 1707 brach Karl aus Sachsen auf, drang, alle Friedensanträge abweisend, siegreich über den Dnjepr vor, ließ sich aber von dem Kosakenhetmann Mazeppa, der sich von

der russischen Herrschaft losreißen wollte, verleiten, statt geradezu auf Moskau, nach der Ukraine zu ziehen. Hier sah er sich aber in Allem getäuscht.

3) Der General Löwenhaupt, der in Livland stand, hatte von Karl den Befehl erhalten, ihm neue Mannschaft und Kriegsbedürfnisse zuzuführen und sich mit ihm zu vereinigen. Jener drang zwar durch unwegsame Einöden, von den Russen stets verfolgt, bis zu seinem Könige vor, hatte aber in einem harten dreitägigen Kampfe bei Liesna am Dnepr (8. Oct. 1708) einen großen Theil seines Heeres gegen die Russen verloren und Gepäck und Artillerie vernichten müssen. Nur etwa 6000 Mann brachte er zu seinem Könige. Auch Mazeppa vermochte seine Versprechungen nicht zu halten, indem Wenzikow die Kosaken gewann. So drückten die äußerste Noth und Mangel die zusammengeschmolzenen Reihen der Schweden während des strengen Winters von 1709. Dessenungeachtet entschloß sich Karl, jeden Rückzug für schimpflich haltend, zur Fortsetzung des Kampfes und belagerte seit Mai 1709 die Festung Pultawa. Wohl schlugen die Schweden die zum Entsatz herbeieilenden Russen anfangs zurück, wobei Karl selbst gefährlich am Fuße verwundet wurde. Als aber der Czar selbst mit einem mehr als zweimal überlegenen Heere von 70,000 Mann gegen ihn heranrückte, wurden die Schweden in der Schlacht bei Pultawa 8. Juli 1709 gänzlich geschlagen. Der Rest des schwedischen Heeres, noch 14,000 Mann stark, an Allem, selbst an Munition Mangel leidend, mußte sich unter General Löwenhaupt gefangen geben. Dieser Sieg entschied über die künftige Stellung der nordischen Staaten und für Rußlands Vorrang unter denselben.

4) Karl selbst war mit geringem Gefolge nach Bender zu den Türken entkommen, die den Helden mit Achtung aufnahmen und seinen Aufwiegelungen zum Kriege gegen Rußland bald nachgaben. Die Türken erklärten an Rußland den Krieg (Nov. 1710) und überschritten mit einem Heere von 200,000 Mann unter dem Großvezier den Pruth. Hier schlossen sie den Czar, der im Vertrauen auf den ihm heimlich verbundeten Hospodar der Moldau, Cantemir, zu weit vorgerückt war, bei Falczy am Pruth in einer Weise von allen Seiten ein, daß er mit seinem Heere von kaum 30,000 Mann verloren schien. Da rettete ihn die kluge Unterhandlungskunst seiner Gemahlin Katharina, welche den Großvezier zum Frieden zu stimmen wußte. In diesem Frieden (23. Juli 1711) wurde Asow an die Türken zurückgegeben und dem Könige von Schweden freie Rückkehr in sein Reich bewilligt.

5) Aber Karl verweilte voll Trotz in der Türkei und bestand in Bender selbst mit den Türken ein Gefecht (12. Febr. 1713), als man ihn von dort gewaltsam nach Demotica entfernte. Unterdessen hatten sich Schwedens Verhältnisse höchst ungünstig gestaltet. Gleich nach der Schlacht von Pultawa erklärten Sach-

sen und Dänemark die mit Karl XII. abgeschlossenen Friedens-
bündnisse für erzwungen. August II. kehrte nach Warschau
zurück, und die Dänen landeten in Schonen, wurden aber von
dem schwedischen General Steenbock zurückgetrieben. Die Russen
eroberten Livland, Esthland, Karelien und einen Theil von Finnland. Bald gesellten sich auch Preußen, das Stettin wegnahm,
und Hannover, das Bremen und Verden in seine Hände
nahm, zu den Feinden Schwedens, dessen sämmtliche Ostseeprovinzen und deutsche Besitzungen bis auf Stralsund und Wismar
auf solche Weise verloren gingen.

§. 40.
Der Friede zu Nystadt.

1) Alle diese Verluste vermochten Karl's Eigensinn, mit dem
er in seinem fernen Verbannungsorte seinem Schicksale trotzte, nicht
zu brechen. Erst die Nachricht, daß man in Schweden damit um-
gehe, seiner Schwester Ulrike Eleonore die Regentschaft zu übertragen, bestimmte ihn zur Rückkehr. Vom Großherrn reichlich be-
schenkt eilte er von Wenigen begleitet aus Demotica (am 1. Oct.
1711) durch Ungarn und Deutschland nach Stralsund, wo er
am 11. November unerwartet ankam und von den Bürgern freudig
aufgenommen wurde. Aber auch Stralsund erlag nach tapferster
Vertheidigung durch den König und selbst Wismar den überlegenen Truppen der verbündeten Dänen, Sachsen und Preußen.
Karl ging nach Schweden zurück.

2) Nachdem auch diese letzten Besitzungen der Schweden dies-
seits der Ostsee verloren gegangen waren, knüpfte Karl durch den
gewandten holstein-gottorpischen Minister von Görz, seinen
nunmehrigen Rathgeber, mit Peter im Geheimen Friedensunterhandlungen an und versprach diesem die Abtretung der Ostseeprovinzen, wogegen ihm jener zur Wiedererlangung der deutschen
Länder und zur Eroberung Norwegens behilflich zu sein versprach.

3) Gemäß dieser Verabredung unternahm Karl zwei wiewohl
vergebliche Züge nach Norwegen (1716. 1718), um dies Land
den Dänen zu entreißen. Er selbst fand auf dem zweiten Heerzuge,
während der Belagerung von Friedrichshall, wahrscheinlich
durch die Hand eines Meuchelmörders, erst 36 Jahr alt, seinen Tod
(11. Dec. 1718). Die schwedische Krone erhielt Karl's jüngere
Schwester Ulrike Eleonore, mit Uebergehung des Herzogs Karl
Friedrich von Holstein-Gottorp, des Sohnes von Karl's älterer
Schwester. Sie mußte öffentlich erklären, daß sie den Thron durch
Wahl und nicht durch Erbrecht' erhalten habe. Die Regierung
überließ sie ihrem Gemahl, dem Erbprinzen Friedrich von Hessen-
Kassel.

4) Das ganz erschöpfte Schweden suchte nun unter Englands Vermittlung durch schnelle Friedensschlüsse den 20jährigen schrecklichen Krieg zu enden. 1. Hannover erhielt im Frieden zu Stockholm (1719) Bremen und Verden (gegen 1 Mill. Thaler); 2. Preußen (1720): Vorpommern bis an die Peene, Stettin (gegen 2 Mill. Thaler); 3. Dänemark gab seine Eroberungen (Rügen, Stralsund und Wismar) (für 600,000 Thaler) an Schweden zurück, dagegen unterwarf sich dieses dem Sundzoll.

5) Da Schweden nach Karl's Tode sich mit England verbunden hatte, so begannen die Russen von neuem den Krieg und zwangen durch Verwüstung Finnlands endlich Schweden zum Nachgeben. Es trat an Rußland im Frieden zu Nystadt (10. Sept. 1721) Livland, Esthland, Ingermanland und die Bezirke Wiborg und Kexholm in Finnland (gegen 2 Mill. Thaler) ab.

§. 41.
Peter der Große und seine Nachfolger.

1) Durch den Frieden zu Nystadt verlor Schweden sein Uebergewicht im Norden, das an Rußland überging. Zugleich hatte Letzteres zum ersten Mal an der Politik der westeuropäischen Staaten bestimmenden Antheil genommen und war dadurch in die Reihe der europäischen Großstaaten eingetreten. So wurde Peter der geistige Schöpfer des russischen Reiches. Er nahm nun den Titel eines Kaisers aller Reußen an (1. Nov. 1721). Vom dirigirenden Senate wurde er Vater des Vaterlandes und der Große genannt.

Noch erweiterte er das Reich durch einen glücklichen Krieg mit Persien (1722—23), durch welchen die Provinzen Daghestan, Schirvan, die Städte Derbent, Baku u. a. erworben wurden.

2) Peter unternahm eine zweite Reise (1716, 17) mit seiner Gemahlin nach Preußen, Dänemark, Holland, Frankreich. Während derselben war sein ältester Sohn Alexei, aus des Czaren erster Ehe mit Eudoxia Lapuchin, aus dem Reiche entflohen. Denn Alexei war den väterlichen Reformen abhold und stand mit den Gegnern derselben in Verbindung. Der Czar, der seine Reformen gefährdet glaubte, wollte ihn daher von der Thronfolge ausschließen. Alexei ließ sich übrigens zur Rückkehr bewegen und wurde, aufrührerischer Pläne beschuldigt, durch ein niedergesetztes Gericht mit Andern, die ihm zur Flucht verhalfen, zum Tode verurtheilt (1718). Doch verhinderte der baldige Tod des Prinzen die Vollziehung des Urtheils. Peter selbst starb 8. Februar 1725 und hinterließ ein Reich, das bereits 275,000 Q.-M. umschloß.

3) Unter den Nachfolgern Peter des Großen wurde das, was er gegründet, erhalten und fortgesetzt, trotz der wiederholten Hofrevolutionen und Thronstreitigkeiten. Durch Beförderung der

Cultur im Innern und fortwährende neue Erwerbungen wurde Rußland noch im Laufe des 18ten Jahrhunderts eine der ersten und einflußreichsten Mächte Europas.

4) Da die Thronfolge in Rußland noch nicht fest geordnet war, so ergriff nach Peter des Großen Tode dessen zweite Gemahlin Katharina I. ¹) (1725—27) mit Hilfe und unter Leitung des Fürsten Menzikow die Zügel der Regierung. Nach deren baldigem Tode gelangte nach einem von Menzikow veranlaßten Testamente der Kaiserin Katharina Peter's des Großen Enkel

5) Peter II. (1727—30), der Sohn des unglücklichen Alexei, auf den Thron. Menzikow, der vergebens seine Tochter dem jungen Kaiser zu vermählen suchte, fiel in Ungnade und wurde nach Sibirien verbannt; dagegen kam die Familie Dolgoruki an die Spitze der Verwaltung. Peter II. starb frühe an den Blattern und unvermählt, worauf durch den Einfluß der mächtigen Dolgoruki vom dirigirenden Senate Peter's des Großen Nichte

6) Anna (1730—40), die Tochter Iwan's III. und verwittwete Herzogin von Kurland, mit Uebergehung näher berechtigter Erben auf den Thron berufen wurde, nachdem sie die Beschränkung der Hoheitsrechte des Herrschers durch eine vom Staate aufgestellte Capitulation, gemäß deren sie nichts ohne Mitwirkung des aus den vornehmsten russischen Großen bestehenden Reichsraths unternehmen sollte, angenommen hatte. Aber im Besitze der Gewalt verwarf Anna, von ihrem Günstlinge dem Kurländer Biron geleitet, die Capitulation. Dieser herrschte nun in ihrem Namen mit Umsicht aber auch mit grausamer Härte. Die Dolgoruki und viele Häupter des Adels wurden nach Sibirien verbannt, andere hingerichtet. Uebrigens wurden kräftige Männer aus der Schule Peter's des Großen, darunter der Vicekanzler Ostermann und der kriegskundige Münnich, zur Besorgung der Geschäfte berufen. Rußlands Ansehen begann von neuem zu wachsen. Durch Theilnahme an dem polnischen Erbfolgekrieg (1733—35) zu Gunsten des Königs August III gegen Stanislaus Leczynski und dessen Partei begründete Rußland seinen folgenreichen Einfluß auf die Geschicke des zerrütteten Polens. Auch bewirkte die russische Kaiserin, daß Biron das Herzogthum Kurland als polnisches Lehen erhielt. Um die früher am Pruth erlittene Schmach zu rächen, unternahm man einen Krieg gegen die Türken (1736—39), an dem bald auch Oestreich Antheil nahm. Münnich drang in die Krim, wo er die festen Linien von Perecop, auch Asow und Otschakow erstürmte, und später in die Moldau, wo bei Stawutschana (1739) ein glänzender Sieg errungen ward. Aber im Ganzen entsprachen doch die Erfolge nicht dem großen Verluste an Menschen und Geld, den dieser Krieg nach sich zog. Oestreich schloß daher zuerst Frieden mit den Türken zu Belgrad (1739),

dem auch Rußland beitrat. Letzteres gab seine Eroberungen zurück, doch behielt es Asow. Die Kaiserin Anna ernannte sterbend ihren unmündigen Großneffen

7) Jwan IV. (1710—41), einen Sohn ihrer mit dem Herzoge von Braunschweig vermählten Nichte, zu ihrem Nachfolger unter Biron's Regentschaft. So stand nun Biron an der Spitze des russischen Reichs. Doch dauerte diese Regentschaft nur kurze Zeit. Schon vier Wochen nach Anna's Tode ließ Münnich im Einverständnisse mit der Mutter des jungen Kaisers den Regenten zur Nachtzeit in seinem Bette verhaften, um selbst die Zügel der Regierung in die Hände zu nehmen. Biron wurde nach Sibirien in ein Gefängniß gebracht.

Aber auch die neue Regentschaft wurde schon nach wenigen Monaten durch eine Palastrevolution wieder gestürzt. Dadurch gelangte endlich die nächst berechtigte Erbin Peter's des Großen

8) Elisabeth (1741—62), die Tochter Peter's des Großen und Katharina's I. auf den russischen Thron. Jene lebte unter den vorhergehenden Regierungen zurückgezogen nur ihren Vergnügungen ergeben. Indessen bildete sich zu ihren Gunsten eine geheime Verschwörung, deren Seele ihr vertrauter Leibarzt Lestocq war. Dieser gewann für Peter's Tochter die Garden. In der Nacht vom 5. auf 6. December 1741 wurden die Gewalthaber verhaftet und Elisabeth als Kaiserin ausgerufen. Münnich und seine vornehmsten Anhänger wurden nach Sibirien verbannt, Biron dagegen zurückberufen. Den unschuldigen jungen Jwan IV. brachte man auf die Festung Schlüsselburg. Hier fand er, als später ein Versuch zu seiner Befreiung gemacht wurde, einen gewaltsamen Tod (1764).

Uebrigens zeigte Elisabeth, deren Erziehung vernachläßigt worden war, wenig Lust für die ernsten Geschäfte der Regierung. Nur für Befriedigung ihrer Leidenschaften und sinnlichen Vergnügungen bemüht, überließ sie anfangs die Regierung ihren Günstlingen; doch kam diese bald in die Hände tüchtiger Männer. Ein noch unter Jwan ausgebrochener Krieg mit Schweden wurde von Rußland mit Glück geführt und durch den Frieden zu Abo (1743) beendigt, in welchem dieses einen Theil von Finnland (die Provinz Kymenegard) an Rußland abtrat. Die Theilnahme Rußlands am siebenjährigen Kriege entsproßte hauptsächlich dem persönlichen Hasse der Kaiserin gegen Friedrich II., der sie durch Aeußerungen über ihr Privatleben verletzt hatte. — Elisabeth, unter der die Universität Moskau gegründet wurde (13. Jan. 1755), starb noch vor Ende des siebenjährigen Kriegs (5. Jan. 1762). Wichtig für den ganzen Norden wurde die Wahl ihres Nachfolgers, wozu sie gleich nach ihrer Thronbesteigung den Sohn ihrer verstorbenen ältern Schwester Anna, die mit dem Herzoge Karl Friedrich von Holstein-Gottorp, aus einer Nebenlinie des in Dänemark regierenden holsteinischen Hauses, vermählt war. Elisabeth ließ ihren jungen Neffen, den Herzog Karl Peter, schon 1742 nach Petersburg kommen und dort zu ihrem Nachfolger erklären.

¹) Katharina war die Tochter eines litauischen Bauern, der nach Livland übersiedelte. Früh verwaist kam sie in das Haus eines protestantischen Geistlichen zu Marienburg, der sie mit seinen Kindern erziehen ließ. Später mit einem schwedischen Dragoner verheirathet wurde sie, als die Russen Marienburg einnahmen (1702), von diesen als Gefangene weggeführt. Durch Verstand und Schönheit hervorragend wurde sie von Peter dem Großen zur Gemahlin erhoben und später (1724) in Moskau auch als Kaiserin gekrönt. Von mehreren Kindern aus dieser Ehe, die meist frühzeitig starben, kam die jüngste Tochter Elisabeth später auf den russischen Thron, eine ältere, Anna, von Peter dem Großen mit dem Herzoge Karl Friedrich von Holstein vermählt (1724), wurde die Mutter Peter's III.

§. 42.
Das Haus Holstein-Gottorp. Katharina II.

1) Mit Peter III. (5. Jan. bis 9. Juli 1762), von mütterlicher Seite Enkel Peter's des Großen, kam das Haus Holstein-Gottorp (oder Oldenburg) auf den russischen Thron, den es bis heute inne hat. Peter selbst aber verlor schon nach 6 Monaten durch eine Hofrevolution Thron und Leben. Peter war nämlich (seit 1745) mit der Prinzessin Sophie Auguste von Anhalt-Zerbst, die bei ihrem Uebertritt zur griechischen Kirche den Namen Katharina annahm, vermählt, einer Frau von männlicher Kraft der Seele, aber auch maßloser Herrschsucht. Peter entfremdete sich seine Gemahlin durch Rücksichtslosigkeit und erbitterte zugleich die russischen Großen durch enthusiastische Vorliebe für Preußen und dessen Einrichtungen. So bildete sich gegen den Kaiser mit Wissen seiner Gemahlin eine geheime Verschwörung, die am Morgen des 9. Juli 1762, während jener von Petersburg abwesend war, zum Ausbruch kam. Katharina wurde hauptsächlich auf Veranstaltung der Grafen Panin und Orlow als Kaiserin aller Reußen in Petersburg ausgerufen und fand rasch Anerkennung. Der Kaiser, der in Oranienbaum weilte, unentschlossen und verlassen, wurde ergriffen und nach wenigen Tagen ermordet.

2) Katharina's II. glanzvolle Regierung (1762—96) bildet den Wendepunkt in der neueren Geschichte Rußlands. Denn während der vierunddreißigjährigen Regierung dieser durch männliche Gaben zu herrschen hervorragenden Frau ward Rußland in seinem Innern in einer Weise umgebildet, daß es jetzt erst völlig den Charakter eines Staates mit europäischer Gesittung annahm, wenn auch letztere vorerst eine mehr äußerliche blieb und daher tiefere Wurzeln nicht fassen konnte. Nach Außen dagegen beginnt jetzt zuerst Rußlands schwellende Macht nicht nur im Norden, sondern im europäischen

Staatenſyſtem überhaupt mit dem ganzen Gewichte ſeiner überlegenen materiellen Mittel ſich geltend zu machen.

3) Mit ihren geiſtreichen und großen Zeitgenoſſen, Friedrich II. und Joſeph II., wetteifernd, that Katharina Vieles für die Verbeſſerung der innern Zuſtände ihres unermeßlichen Reiches. Eine zweckmäßige Organiſation der innern Verwaltung, insbeſondere durch eine neue Eintheilung der Gouvernements und Beſtimmung des Geſchäftskreiſes der Gouverneure, die Entwerfung eines neuen Geſetzbuchs, die Hebung des Gewerbfleißes und Handels, die Beförderung des Unterrichts, der wiſſenſchaftlichen Studien, namentlich durch Erweiterung der petersburger Akademie u. a., bezeichnen ihre wohlthätige Wirkſamkeit im Innern des Reiches. Auch vermochten Empörungen, wie die zu Gunſten des auf Schlüſſelburg gefangenen Jwan, welche dieſem das Leben koſtete (1764), und die bedeutendere der Koſaken unter Pugatſchew (1773), der ſich für Peter III. ausgab, jedoch nach einigen Gefechten gefangen und zu Moskau enthauptet wurde, die Ruhe im Innern ernſtlich nicht zu gefährden.

4) Beſonders erfolgreich für Rußlands Machterweiterung und Vergrößerung war Katharina's auswärtige Thätigkeit. Rußlands Nachbaren, die Türken und Polen, deren Zuſtände ihrer ſelbſtiſchen Politik ein reiches Feld zur Thätigkeit und Einmiſchung darboten, mußten zunächſt deren Einwirkung erfahren.

5) In dem erſten hartnäckig geführten Türkenkriege (1768—74) eroberten die Ruſſen unter Romanzow nach einem Siege am Pruth (17. Juli 1770) die Moldau, und nach einem zweiten am Kagul (1. Aug. 1770) die Wallachei. Zugleich erſchien eine ruſſiſche Flotte unter Alexei Orlow im Archipelagus, um einen Aufſtand der Griechen zu unterſtützen, der jedoch wieder von den Türken unterdrückt wurde. Dagegen wurde die türkiſche Flotte bei Tſchesme (5. Juli 1770) geſchlagen und verbrannt, und im folgenden Jahre die Krim von Dolgoruki erobert. Nach langen Verhandlungen kam es endlich zum Frieden zu Kudſchuk Kainardge (bei Siliſtria, 22. Juli 1774), in welchem Rußland die Schutzhoheit über die Moldau und Wallachei, die Küſte zwiſchen Dnjeper und Bug und freie Handelsſchifffahrt in allen türkiſchen Meeren erhielt.

6) Die Tartaren der Krim waren in dieſem Frieden frei erklärt worden. Aber ſchon nach wenigen Jahren veranlaßte Potemkin den Khan dieſer Tartaren, ſich gegen einen Jahrgehalt Rußland zu unterwerfen (1782). Potemkin, der nach Gregor Orlow der Günſtling der Kaiſerin wurde (ſeit 1776), leitete bis zu ſeinem Tode (1791) hauptſächlich Rußlands Geſchicke. Von ihm ging das ſogenannte griechiſche Project aus, das der Lieblingsplan ſeiner Kaiſerin wurde. Es ſollte nämlich auf den Trümmern des osmaniſchen Reiches ein neues griechiſches Reich unter einem ruſſiſchen Prinzen gegründet werden. Zu dieſem Zwecke

suchte man sich vor Allem der Herrschaft auf dem schwarzen Meere zu versichern; die wichtige Insel Krim ward daher von Potemkin völlig in eine russische Provinz unter dem Namen Taurien umgeschaffen, und die russische Seemacht in jenen Gegenden vermehrt (1784). Die Kaiserin selbst unternahm eine Reise nach Taurien (1787), die durch Potemkin's täuschende Anstalten, — mitten in menschenleeren Wüsten wurden Palläste, Städte und Dörfer künstlich hergestellt — ihr das Trugbild eines blühenden Landes zu zeigen, bekannt ist. Potemkin erhielt den Beinamen: der Taurier.

7) Kaiser Joseph II. hatte mit Katharina auf dieser Reise eine Zusammenkunft zu Cherson, welche eine innige Verbindung Rußlands mit Oestreich und den ersehnten Ausbruch eines gemeinschaftlichen Krieges beider gegen die Pforte, den diese endlich selbst erklärte, zur Folge hatte (1787—92). Der Hauptschauplatz dieses Krieges war Bessarabien und die Moldau, wo die Verbündeten mit gewaltigen Heeren, die Russen unter Potemkin, Romanzow und Suwarow, die Oestreicher unter Laseu, dem Prinzen von Coburg und Laudon gegen die Türken auftraten. Auch Kaiser Joseph II. nahm einige Zeit am Kampfe persönlichen Antheil. So überlegenen Streitkräften gegenüber suchten die Türken offene Feldschlachten zu vermeiden und sich hauptsächlich auf Vertheidigung ihrer Festungen zu beschränken. Potemkin erstürmte Otzakow (1788), Akkjerman, Bender (1789), Suwarow Jsmail (1790), meist unter schrecklichem Blutvergießen. Choczim ward von Coburg und Romanzow (1788), Belgrad von Laudon (1789) erobert. Auch in den Schlachten bei Fodschani und Martinjestje (1789) besiegten Coburg und Suwarow die Türken.

8) Indessen schloß Oestreich nach dem frühen Tode Joseph's II. (1790) Waffenstillstand mit der Pforte und bald den Frieden zu Szistowa (1791), in welchem es Alt-Orsowa erhielt. Günstiger war der Friede Rußlands mit der Pforte zu Jassy (9. Jan. 1792); denn er erweiterte seine Grenze gegen die Moldau und Bessarabien bis zum Dniester.

§. 43.
Die Theilung Polens.

1) Nach dem Tode August's III. (1763) wurde durch den Einfluß der Kaiserin Katharina ihr ehemaliger Günstling, Stanislaus Poniatowski, früher polnischer Gesandter in Petersburg, zum Könige von Polen erwählt (Sept. 1764). Seitdem übte der russische Gesandte zu Warschau überwiegenden Einfluß, dem der charakterschwache König nicht zu widerstehen wagte.

2) Uebrigens zeigte sich Stanislaus anfangs wohlgesinnt und bereit, im Vereine mit einsichtsvollen und patriotisch gesinnten

Männern die innern Gebrechen des polnischen Staatswesens durch heilsame Reformen, insbesondere durch Beschränkung des verderblichen liberum veto, zu heilen. Dies Streben des bessern Theils der polnischen Nation wurde für ihr Schicksal entscheidend, indem eine Partei im Innern Polens selbst sich solchen Reformen widersetzte und hierin bei den Nachbarn Hülfe und Unterstützung fand. Rußland hatte mit Friedrich II. von Preußen ein Schutz- und Trutzbündniß auf 8 Jahre geschlossen (1764), wobei unter Anderm auch die Erhaltung der bestehenden polnischen Verfassung festgesetzt war.

3) Zugleich gab die gedrückte Stellung der polnischen Dissidenten Anlaß zur Einmischung in die innern Angelegenheiten Polens. Katharina forderte für diese nicht nur völlige Religionsfreiheit, sondern bald auch politische Gleichstellung mit den Katholiken. So entstand aus den Dissidenten und andern Mißvergnügten eine zahlreiche Partei, welche auf Rußland gestützt zu einer sogenannten Generalconföderation zu Radom (1767) sich bildete und in demselben Jahre auf dem Reichstage zu Warschau die Rechtsgleichheit der Dissidenten und die neue Bestätigung der bestehenden polnischen Verfassung, und zwar unter der Garantie Rußlands, erzwang.

4) Als die Unzufriedenheit über solche Zustände in Polen immer höher stieg, stiftete die patriotische Partei, an deren Spitze der Bischof Krasinski, Pulawski und Polocki standen, eine Gegenconföderation zu Bar (1768) zur Aufrechthaltung der polnischen Nationalunabhängigkeit. Die Folge war ein verzweifelter Kampf, als die Conföderirten den König Stanislaus, den seine Hinneigung zu den Russen um sein Ansehen gebracht hatte, des Thrones verlustig erklärten. Vergebens hofften die Conföderirten auf eine Unterstützung Frankreichs, das nichts that, und der Pforte, welche zwar an Rußland den Krieg erklärte (1768), aber unglücklich führte.

5) Während des Bürgerkrieges in Polen wurde zu Petersburg zwischen Katharina und dem Prinzen Heinrich von Preußen, dem Bruder Friedrich's II., der Plan zu einer Theilung Polens verabredet und derselbe, nachdem Oestreich beigestimmt, rasch vollzogen. Russen, Preußen und Oestreicher besetzten polnische Provinzen. Nach dem Theilungsvergleich der drei Mächte unter einander vom 5. August 1772 nahm Rußland das Land zwischen Düna, Dnjeper und Drutsch (etwa 2000 Q.-M.), Oestreich Galizien und Lodomirien (2500 Q.-M.), Preußen das polnische oder West-Preußen (mit Ausnahme von Danzig und Thorn) nebst dem Netzdistrict (600 Q.-M.), zusammen etwa ein Drittheil des Landes. Dabei garantirten die drei Mächte der sogen. polnischen Republik ihr übriges Gebiet. Vergebens protestirte die patriotischgesinnte Partei, selbst König Stanislaus. Der Reichs-

tag zu Warschau (1773) ward durch Bestechung und militärische
Maßregeln gezwungen, die bereits vollzogene That zu bestätigen,
welche die Grundlage, auf der die europäischen Staaten ruhen, tief
erschüttert hat.

§. 14.
Polens zweite und dritte Theilung.

1) Die Polen, durch die erste Theilung ihres Landes gewarnt, versuchten nun mit richtiger Einsicht ihre innern Zustände
zu bessern. Ein längerer Reichstag zu Warschau (1788—91) brachte
die neue zeitgemäße Verfassung vom 3. Mai 1791 zu Stande,
welche Polen in eine constitutionelle Monarchie umschaffen und die
Krone in dem Hause Sachsen erblich machen wollte. Das liberum
veto so wie alle Conföderationen wurden aufgehoben. Die Bildung des Volkes sollte durch verbesserte Schuleinrichtungen gehoben,
auch die Leibeigenschaft nach und nach abgeschafft werden.

2) Die Kaiserin Katharina widersetzte sich dieser beginnenden
Wiedergeburt Polens, die ihrem bisherigen Einflusse in diesem
Lande ein Ende zu machen drohte.

Unter dem Vorwande, die alte von ihr garantirte Verfassung
zu schützen, ließ sie nach dem mit den Türken zu Jassy geschlossenen
Frieden Truppen in Polen einrücken und fand in einer zu Targo-
witz geschlossenen Conföderation Anhang; selbst König Stanislaus schlug sich auf russische Seite. Die Polen rüsteten zwar ein
Heer unter dem Neffen ihres Königs, Joseph Poniatowski
und leisteten tapfern aber erfolglosen Widerstand. Denn auch
Friedrich Wilhelm II. König von Preußen hatte sich insgeheim
wieder mit Rußland verbündet, ließ ebenfalls Truppen in Polen
einrücken und Danzig und Thorn hinwegnehmen. Die Verbündeten machten eine neue von ihnen beschlossene Theilung Polens
bekannt, deren Genehmigung von einem nach Grodno berufenen
Reichstag (1793) erzwungen wurde. Rußland nahm einen großen
Theil von Litauen, von Volhynien und das übrige Podolien, Preußen
den Rest von Groß-Polen nebst Danzig und Thorn. Nochmals
ward der Rest Polens von den Mächten garantirt.

3) Zugleich schloß jetzt Polen mit Rußland einen Unions-
vertrag, nach welchem jenes künftig die Leitung seiner Kriege an
Rußland überlassen und ohne dessen Einwilligung keine Verträge
mit dem Ausland schließen sollte. Das Land blieb von russischen
Truppen besetzt.

4) Eine solche Erniedrigung rief indessen einem Kampf der
Verzweiflung hervor. Ueberall bildeten sich in Polen patriotische
Vereine und bald folgten Aufstände, zuerst der polnischen Truppen
unter Madalinski in Pultusk (24. März 1794), zugleich unter
dem edlen und kriegserfahrenen Kosciuszko zu Krakau. Am
16. April kam es zum Aufstande in Warschau, worauf die Russen

nach zweitägigem Kampfe vertrieben wurden. Kosciuszko ward zum Oberfeldherrn ernannt und errang anfangs gegen Preußen und Rußen mehrere glückliche Erfolge. Aber in der Schlacht bei Maciejowice (10. Oct. 1794) erlagen die Polen den russischen Waffen unter dem General Fersen. Verwundet gerieth Kosciuszko selbst in russische Gefangenschaft, indem er die schmerzlichen Worte sprach: Finis Poloniae. Bald darauf erstürmte Suwarow Praga (4. Nov.); wenige Tage nachher capitulirte die Hauptstadt Warschau selbst.

5) Nun erfolgte die dritte und letzte Theilung Polens unter die drei Mächte Rußland, Oestreich und Preußen (im Anfang des Jahres 1795). König Stanislaus erhielt eine Pension und starb zu Petersburg 1798. Rußland erweiterte durch diese dritte Theilung Polens seine Grenzen bis zum Niemen und Bug. Zugleich war nun auch das Herzogthum Kurland, ehemals ein Lehen der polnischen Krone, dem russischen Reiche einverleibt worden (28. März 1795).

So schwand Polen zunächst in Folge eigener Schuld und durch fremde Gewalt aus der Reihe der europäischen Staaten.

§. 45.

Paul I.

1) Katharina II., die das russische Reich um mehr als 10,000 Q.-M. Landes vergrößert hatte, starb 17. November 1796. Ihr folgte in der Regierung Paul I. (1796—1801), der einzige Sohn Peter's III. und Katharina's II. Bei manchfach löblichen Eigenschaften begann Paul seine Regierung mit Abschaffung von Mißbräuchen, mit Bestrafung der Mörder seines unglücklichen Vaters u. s. w. Er erließ eine feste Thronfolgeordnung in Rußland (der Thron sollte in männlicher und weiblicher Linie nach der Erstgeburt erblich sein); auch erwarb er im Frieden zu Tiflis mit Persien (1797) die Kaukasusländer bis zum Kur.

2) Besonders thätigen Antheil nahm Paul an dem Gange der Dinge im westlichen Europa. Er trat 1798 der zweiten Coalition gegen Frankreich bei und sendete unter Suwarow ein russisches Heer nach Italien (1799), das dort in Verbindung mit Oestreichern die Franzosen aus der Halbinsel vertrieb. Aber bald änderte Kaiser Paul seinen Sinn und rief seine Truppen vom Kriegsschauplatz ab (1800), indem er sich von seinen Verbündeten (England und Oestreich) vernachlässigt hielt.

3) Ueberhaupt verfiel Paul mehr und mehr einem fast krankhaften Eigensinn, dessen launenhafter Wechsel ihn bald zu Handlungen milder Großmuth, bald und noch öfter zu grausamer Härte fortriß. Diese despotische Launenhaftigkeit des Herrschers, der gegen-

über Niemand sich gesichert hielt, rief eine große Verbitterung und zuletzt in seiner nächsten Umgebung eine Verschwörung hervor, deren Plan war, ihn zur Abdankung zu zwingen. In der Nacht vom 23. März 1801 drangen die Verschworenen, deren Haupt Graf Pahlen war, in den kaiserlichen Palast, wo es zwischen ihnen und dem Widerstand leistenden Kaiser zu einem Kampfe kam, der den Tod des letztern herbeiführte.

4) Paul war in zweiter Ehe mit der Prinzessin Marie, Tochter des Herzogs Eugen von Würtemberg, vermählt (seit 1776). Aus dieser Ehe entsproßten vier Söhne, die nachherigen Kaiser Alexander und Nikolaus, und die Großfürsten Konstantin und Michael, ferner fünf Töchter. In der Regierung des russischen Reichs folgte dem Vater zunächst der älteste Sohn Alexander, geboren 23. December 1777, der am 24. März 1801 als Kaiser ausgerufen wurde.

§. 46.

Alexander I.

1) Mit Alexander I. (1801—25) beginnt für Rußland eine milde, durch eine wohlthätige Verwaltung im Innern und durch wichtige Erwerbungen nach Außen segensreiche Regierung. Unter den Einflüssen seiner edlen Mutter und seines frühern Erziehers, des Waadtländers Laharpe, für eine humane Auffassung des Lebens herangereift, zeigte der junge Kaiser den redlichsten Willen, die geistigen Interessen zu fördern und durch Reformen im Sinne des Fortschrittes Rußland den übrigen großen Kulturstaaten ebenbürtig einzureihen. Zahlreiche höhere und niedere Lehr- und Bildungsanstalten wurden neu gegründet oder erweitert und zeitgemäß umgestaltet, so die Universitäten in der beiden Hauptstädten des Reichs zu Petersburg und Moskau, ferner zu Dorpat, Kasan, Wilna, Warschau u. a. Die allmähliche Aufhebung der Leibeigenschaft wurde vorbereitet, indem dieselbe zunächst in Kurland (1818), Livland und Esthland abgeschafft wurde. Die Gerichte wurden verbessert, die Abfassung eines bürgerlichen Gesetzbuches begonnen, und insbesondere für Hebung der Industrie im Innern und des Handels nach Außen umsichtsvolle Sorge getragen. Namentlich im Osten des Reichs erhob sich seitdem Odessa zum Mittelpunkt eines ausgebreiteten Handelsverkehrs.

2) Friedlich gesinnt schloß Alexander gleich nach seiner Thronbesteigung Frieden mit der französischen Republik (1801). Dagegen nahm er später gegen das napoleonische Kaiserthum und dessen Eroberungspläne Antheil an den Kriegen Oestreichs (1805) und Preußen's (1806), ohne jedoch Rußlands volles Gewicht hierbei in die Wagschale zu legen [1]).

3) Im Frieden zu Tilsit (9. Juli 1807) erhielt Rußland Bialystock, trat dagegen dem napoleonischen Continental-system gegen England bei.

Hierüber brach ein Krieg mit England (1807—11) aus, bald auch mit Schweden (1808, 1809), das im Frieden zu Friedrichsham (17. Sept. 1809) Finnland, Ostbothnien bis zum Torneå und die Alands-Inseln an Rußland abtreten mußte.

4) Noch gewinnreicher für Rußland wurde ein erneuerter Türkenkrieg (1809—12), der bald nach dem Congreß zu Erfurt (1808) zum Ausbruch kam, da Napoleon dort dem Kaiser Alexander Aussichten auf die Moldau und Wallachei eröffnet hatte, um ihn für seine Pläne in Bezug auf Spanien zu gewinnen. Dieser Krieg wurde anfangs mit wechselvollem Glücke geführt. Die Russen überschritten die Donau, vermochten aber das feste Lager des Großveziers zu Schumla am Fuße des Balkangebirges nicht zu nehmen. Als dagegen die Russen über die Donau zurückgingen und die Türken folgten, wurde ein Theil des türkischen Heeres beim Uebergange überfallen und vernichtet (26. Oct. 1811). Dies führte zum Frieden zu Bukarest (28. Mai 1812), durch welchen Bessarabien und die Moldau bis zum Pruth an Rußland kamen.

5) Aus dem großen Kampfe mit Frankreich (1812—14) ging Rußland neu gestärkt und vergrößert hervor. Es erhielt auf dem wiener Congreß (1815) das Königreich Polen mit Westgalizien ohne Posen. Diesem Königreiche verlieh Alexander eine eigene repräsentative Verfassung (25. Mai 1815). Der polnische Reichstag bestand aus einem Senat und der Kammer der Landboten. Der Großfürst Constantin, Bruder Alexander's, wurde von diesem zum Statthalter Polens (1815—30) ernannt.

6) In dem gewaltigen Kampfe, der mit Napoleon's Sturz endigte, hatte Rußlands Machtstellung außerordentlich zugenommen; sein Einfluß auf die Angelegenheiten Europa's nahm von nun an eine erste Stelle ein. Seit Herstellung des allgemeinen Friedens durch den Wiener Congreß war Alexander eifrig bestrebt, die vielen Wunden wieder zu heilen, die der Krieg dem Lande geschlagen. Die verbrannten und verwüsteten Orte, unter diesen die Hauptstadt Moskau, wurden bald wieder hergestellt, und überhaupt für die innere Entwicklung Rußlands vielseitig Sorge getragen. — In späterer Zeit verließ jedoch Alexander den Weg der Reformen und überließ sich, wie die meisten Regierungen des europäischen Festlandes, mehr und mehr den Einflüssen der von Metternich geleiteten östreichischen Reaktionspolitik.

7) Körperlich leidend und gemüthlich verstimmt unternahm Alexander mit seiner ebenfalls erkrankten Gemahlin Elisabeth (einer Prinzessin von Baden) im September 1825 eine Reise nach dem Süden seines Reichs in die Krimm. Hier wurde er aber von

einem bösartigen Fieber ergriffen, dem er zu Taganrog schnell
erlag (1. Dec. 1825).

¹) Vergl. hierzu und zu dem Folgenden: Erste Abtheil. (Franzos. Geschichte)
§§. 57 ff., und Deutsche Geschichte II. Abtheil. §§. 102 ff.

§. 47.
Nikolaus I.

1) Auf Alexander I., der kinderlos starb, folgte sein jüngerer
Bruder

Nikolaus I. (1825—55) auf dem russischen Throne, indem
der ältere Bruder Constantin, bereits früher (1822) zu Gunsten
desselben entsagt hatte. Dieser Thronwechsel beschleunigte den Ausbruch einer weitverbreiteten Verschwörung, deren Ziel eine gänzliche
Aenderung der bisherigen Regierungsform in Rußland war. Bei
der Eidesleistung der Truppen zu Petersburg brach (26. Dec.
1825) der Aufstand aus, indem es den Verschworenen gelang, einige
Garderegimenter unter dem Vorgeben, daß der Großfürst Constantin der rechtmäßige Nachfolger auf dem Throne sei, zur Empörung zu verleiten. Der Gouverneur von Petersburg, General
Miloradowitsch, der den Aufständischen entgegentrat, wurde
getödtet. Doch wurde der Aufstand durch die Entschlossenheit und
das kräftige Auftreten des neuen Kaisers selbst sofort unterdrückt.
Auch ein Aufstandsversuch im südlichen Rußland zu Kiew war
bald überwältigt worden. Die Häupter der Verschwörung (die
Oberofficiere Pestel, Murwjew u. a.) wurden hingerichtet oder (wie
Fürst Trubetzkoi u. a.) nach Sibirien verwiesen.

2) Kraftvoll und energisch wie Nikolaus begonnen, setzte er
auch seine Regierung in allen ihren Beziehungen fort. Unermüdlich
thätig hielt er im Innern auf strenge Ordnung und suchte durch
Reisen die Zustände der Provinzen kennen zu lernen, um überall
selbst einzugreifen. Zugleich war er bestrebt, die verschiedenen
Nationalitäten Rußlands durch Uniformität auf dem Gebiete des
politischen und kirchlichen Lebens einander näher zu bringen und
mit der russischen zu verschmelzen, um das weit gedehnte Reich zu
consolidiren und zu befestigen.

Nach Außen verfolgte er unverrückt die Ziele, welche seit
Katharina I., namentlich in Bezug auf den Orient, als Aufgaben
der russischen Politik erschienen.

3) Daher war es dem Kaiser Nikolaus nicht unwillkommen,
daß die Perser, unzufrieden über die früher (im Frieden zu Gu-
listan 1613) an Rußland gemachten Zugeständnisse durch einen
Einfall in russisches Gebiet Anlaß zum Kriege gaben. In diesem
Kriege mit Persien (1826—28) wurde das feindliche Heer wiederholt von den Russen geschlagen und das feste Eriwan von dem
General Paskiewitsch (Eriwanski) erobert (13. Oct. 1827).

Nachdem die Russen auch Tauris, die Hauptstadt der Provinz
Aserbeidschan eingenommen, kam es zum Frieden zu Turkman-
tschai (22. Febr. 1828), in welchem die Perser die Provinzen
Eriwan und Nahitschewan, unter dem Namen Armenien
dem russischen Reiche einverleibt, abtreten und 80 Mill. Rubel
Kriegsentschädigung zahlen mußten. Seitdem blieb der russische
Einfluß in Persien überwiegend.

4) Mit der Pforte hatte Rußland bezüglich der noch streitigen
Verhältnisse der beiden Donaufürstenthümer Moldau und Wallachei und des Fürstenthums Serbiens auf friedlichem Wege eine
Verständigung versucht. Dies geschah durch einen zu Akjerman
(6. Oct. 1826) abgeschlossenen Vertrag, nach welchem jenen Vasallen-
Fürstenthümern fast gänzliche Unabhängigkeit von der Pforte, auch
der russischen Flagge freie Schifffahrt auf dem Schwarzen Meere
versprochen wurde. Als aber die Türken zögerten, diese Bedingungen
zu erfüllen, so erklärte Nikolaus an die Pforte den Krieg (1828—
29). Die Russen überschritten den Pruth (7. Mai 1828), besetzten
unter Willgenstein die Moldau und Wallachei und nahmen
mehrere feste Plätze, insbesondere Varna (11. Oct). Doch erst im
folgenden Jahre gelang es ihnen, unter dem neuen Heerführer
Diebitsch nach einem Siege über die Türken bei Schumla
(11. Juni 1829) den Balkan zu übersteigen. Am 20. August
nahmen die Russen Adrianopel, während Paskiewitsch in
Asien nach der Einnahme von Erzerum (9. Juli) in das Innere
von Kleinasien vordrang. In solcher Lage verstand sich die Pforte
zu dem Frieden zu Adrianopel (14. Sept. 1829), in welchem
Rußland außer einer Gebietsvergrößerung (Georgien) in Asien und
und Ueberlassung der wichtigsten Donaumündungen volle Handels-
freiheit auf dem Schwarzen Meere, freie Durchfahrt für seine
Handelsschiffe durch die Meerengen und eine bedeutende Geldent-
schädigung (7 Mill. Ducaten) erhielt.

5) In Folge der Bewegungen, welche im Jahre 1830 die
französische Julirevolution im westlichen Europa nach sich zog,
war auch zu Warschau am 29. November 1830 ein Aufstand der
Polen ausgebrochen, um ihre nationale Selbstständigkeit wieder zu
erringen. Das Land war dem Vorgange der Hauptstadt gefolgt.
General Chlopicki ward als Dictator an die Spitze der Bewegung gestellt (5. Dec.), doch legte er nach wenigen Wochen seine
Gewalt nieder, da er eine Aussöhnung mit Rußland einem erfolglosen Kampfe vorziehen wollte. Der polnische Reichstag aber erklärte
den Thron für erledigt und ernannte den Fürsten Adam Czar-
toryski zum Präsidenten der Nationalregierung (30. Jan. 1831).
Der Heerbefehl ward anfangs an den Fürsten Radziwill, später
an den General Skrzynecki übertragen.

6) Indessen war Diebitsch mit 115,000 Mann in Polen
eingerückt (5. Febr. 1831). Die Schlachten bei Grochow, Wawre,

Iganie u. a. brachten keine Entscheidung. Aber der blutige Kampf bei Ostrolenka (26. Mai 1831) entschied den alten Kampf zwischen Polen und Rußland zu Gunsten des letztern. Die Polen, geschwächt und bald auch uneinig unter einander, vermochten nicht lange weitern Widerstand zu leisten.

7) Diebitsch starb (9. Juni 1831) an der Cholera, worauf Paskiewitsch das Obercommando in Polen erhielt. Dieser ging über die Weichsel (14. Juli) und erstürmte Warschau (6.—8. Sept. 1831). Nach wenigen Wochen gingen auch die letzten polnischen Festungen Moblin und Zamosk an die Russen über. — Polen wurde nun durch ein sogen. organisches Statut mit Rußland vereinigt (1832), erhielt jedoch eine eigene Verwaltung.

8) Nachdem durch Bewältigung des polnischen Aufstandes im Westen des Reiches die Ruhe hergestellt war, bemühte sich Rußland seine Herrschaft auch in Asien, in den neuerworbenen Ländern am Kaukasus durch Unterwerfung des Gebirgs selbst zu sichern. Dadurch kam es zu langwierigen Kriegen mit dortigen bisher unabhängigen Gebirgsvölkern, namentlich den Tscherkessen. Diese hartnäckigen Kämpfe zogen sich unter wechselnden Erfolgen und Niederlagen durch mehrere Jahrzehnte hindurch, bis es den Russen unter der nächstfolgenden Regierung gelang, den tapfersten und tüchtigsten Führer der Bergbewohner, Schamyl, gefangen zu nehmen (Sept. 1859). Damit war die Unterwerfung des Kaukasus vollendet.

§. 18.
Der orientalische Krieg 1853—56.

1) Der Krieg, der im Jahre 1853 zwischen Rußland und den beiden Westmächten, Frankreich und England, zum Ausbruch kam, nahm seinen Ausgang von der sogen. orientalischen Frage. Bei dieser handelt es sich darum, wem bei dem etwaigen Zusammensturz der niedergehenden Türken-Herrschaft in Europa diese wichtige Erbschaft hauptsächlich zufallen dürfe. Hierzu hält sich vorzugsweise Rußland berufen, indem vielseitige Interessen, namentlich des Handels, auch Sympathien der christlichen Unterthanen in der Türkei, die in ihrer großen Mehrheit (über 11 Millionen) griechischen Bekenntnisses sind und in dem russischen Kaiser ihren natürlichen Beschützer erblicken, von jeher seine Politik nach diesem Ziele hin beeinflußt haben.

2) Seit dem vortheilhaften Frieden zu Adrianopel (1829) war Rußlands Einfluß in der Türkei fortwährend in Zunahme begriffen. Kaiser Nikolaus glaubte endlich die Zeit gekommen, Rußlands Machtstellung im Orient zur vollen Geltung zu bringen. Er sandte als außerordentlichen Botschafter den Fürsten Menzikow nach Konstantinopel (Ende Febr. 1853), der von der Pforte den Abschluß eines Vertrags verlangte, durch den die Rechte der

griechischen Christen in der Türkei verbürgt und dem russischen Kaiser ein Protectorat über dieselben zugestanden werden sollten. Diese Forderung, von Menzikow auch in wenig diplomatischer Form vorgebracht, wurde von der Pforte zurückgewiesen, da sie darin eine Verletzung ihrer Selbstständigkeit erblickte. Bald nachher rückte ein russisches Heer unter Fürst Michael Gortschakow über den Pruth in die Moldau und Walachei ein (Anfang Juli 1653), um durch Besetzung dieser türkischen Vasallenländer ein Pfand für Gewährung der russischen Forderungen in der Hand zu haben.

3) Die Westmächte, England und Frankreich, erblickten in dem Vorgehen Rußlands, wodurch die bisherige Stellung der europäischen Staaten zu einander geändert werden könnte, eine Gefährdung ihrer eigenen Interessen. Sie hatten die Pforte zu ihrem Widerstande ermuntert und schlossen mit dieser eine Allianz (12. März 1654), vermöge welcher sie sich verpflichteten, die Integrität und Unabhängigkeit des osmanischen Reiches, als für das Gleichgewicht der europäischen Staaten nothwendig, mit allen ihnen zu Gebot stehenden Mitteln aufrecht zu erhalten. Eine vereinigte englisch-französische Flotte war schon vorher bei der Insel Tenedos erschienen, um nöthigenfalls Konstantinopel zu schützen. Von den übrigen Mächten suchten Preußen und Oestreich zu vermitteln, doch ohne Erfolg. Seitdem neigte sich Oestreich mehr und mehr zu den Westmächten hin.

4) Die Feindseligkeiten zwischen den Russen und Türken hatten indessen seit October 1653 an der untern Donau, und gleichzeitig auch in Asien, ihren Anfang genommen. Die Türken kämpften mit mehr Tapferkeit als erwartet worden war. An der Donau, wo Omer Pascha Oberbefehlshaber war, setzte ein türkisches Corps über den Strom und behauptete dort Kalafat gegen die Angriffe der Russen. Eben so blieben die Anstrengungen der Russen, als sie unter dem neuernannten Oberbefehlshaber Paskewitsch-Eriwanski ihrerseits den Strom überschritten (März 1854) auf dem rechten Donauufer ohne Erfolg. Die Festung Silistria, die vor Allem genommen werden sollte, wurde von den Türken aufs tapferste vertheidigt und zwei Stürme der Russen zurückgeschlagen. Die Belagerung mußte aufgegeben werden (Juni 1854).

5) Indessen waren die Truppen der Alliirten (10,000 Franzosen unter Marschall Saint-Armand und 15,000 Engländer unter Lord Raglan) gelandet und setzten sich von Varna aus mit dem türkischen Hauptheere in Verbindung. Zugleich hatte auch Oestreich ein Heer an seinen Grenzen gesammelt und forderte von Rußland die Räumung der Donaufürstenthümer. Kaiser Nikolaus zog jetzt (Juli 1854) seine Truppen aus den Fürstenthümern zurück, verwarf aber die Bedingungen, welche die Westmächte zur Herstellung des Friedens stellten. Die Donaufürstenthümer wurden nun von einem östreichischen Corps besetzt.

6) Während in solcher Weise an der Donau Waffenruhe eintrat, zog sich jetzt der Hauptschauplatz des Krieges nach der Halbinsel Krim, wohin die Alliirten eine Expedition beschlossen hatten, um die Hauptstütze der russischen Macht im Schwarzen Meere, die große Seefestung Sebastopol wegzunehmen.

Zu diesem Zwecke landete das Heer der Verbündeten, durch Anschluß eines türkischen Corps 64,000 Mann stark, am 14. September 1854 bei Eupatoria in der Krim, und errang über die dortigen russischen Streitkräfte, anfangs etwa 35,000 Mann von Fürst Menzikow befehligt, zuerst an der Alma (20. Spt.), dann bei Balaklawa (25. Oct.) und Inkerman (5. Nov.), in der Nähe von Sebastopol, Vortheile. Die denkwürdige Belagerung der Festung selbst zog sich indessen bei den außerordentlichen Schwierigkeiten der fernen Unternehmung und der ruhmvollen, hauptsächlich durch General Todleben geleiteten Vertheidigung der Stadt durch die Russen gar sehr in die Länge. Beide Theile hatten ihre Streitkräfte allmählich sehr ansehnlich vermehrt; auch hatte Sardinien, das sich den Westmächten anschloß, ein Hülfscorps (von 15,000 Mann unter Lamarmora) gesendet (Mai 1855). Auch im Commando war mehrfacher Wechsel eingetreten. Bei den Franzosen folgten auf den Saint-Arnaud, der frühe seiner Krankheit erlag, nacheinander die Marschälle Canrobert und Pelissier; bei den Engländern hatte General Simpson, nachdem Lord Raglan an der Cholera gestorben, den Befehl übernommen.

Russischer Seits war Menzikow durch Fürst Gortschakow ersetzt worden. Dieser machte einen letzten Versuch, Sebastopol zu entsetzen: er wurde aber an der Tschernaja (16. Aug.) zurückgedrängt. Bald darauf gelang es den Franzosen unter Pelissier, das Hauptfort der Stadt, den Malakow zu erstürmen (8. Sept. 1855), worauf die Russen die nicht mehr haltbare Stadt räumten, nachdem sie den Rest ihrer dortigen Flotte versenkt und alles Artilleriematerial zerstört hatten. Gerade 50 Wochen (vom 24. Sept. 1854 bis 9. Sept. 1855) hatte diese in der Kriegsgeschichte durch gleichen Ruhm der Vertheidigung und des Angriffs denkwürdige Belagerung gedauert.

7) Während dieser Vorgänge auf dem Hauptkriegsschauplatze war auch anderwärts, im Baltischen Meere und in Asien, gekämpft worden. Eine starke englische Flotte (unter Charles Napier) war schon im März 1854 in die Ostsee gesegelt und wurde bald durch eine französische verstärkt. Aber die Flotten vermochten gegen die starken russischen Vertheidigungswerke nichts auszurichten, und mußten sich begnügen, die Alandsinseln zu nehmen, nachdem dort die Festung Bomarsund nach kurzem Bombardement erlegen war (Aug. 1854). Auch im folgenden Jahre blieb die erneute Seeexpedition im Baltischen Meere ohne Erfolg. — Dagegen hatten die Waffen der Russen in Asien fast nur Erfolge aufzuweisen.

Entscheidend war dort, daß General Murawjew nach längerer Umschließung das von den Türken tapfer vertheidigte Kars, den Schlüssel von Kleinasien, zur Capitulation zwang (27. Nov. 1855).
5) Kaiser Nikolaus sollte diese Wendungen des Kampfes nicht mehr erleben. Er war bereits am 2. März 1855 nach kurzer Erkrankung aus dem Leben geschieden. Vermählt (seit 1817) mit der ältesten Tochter des Königs Friedrich Wilhelm III. von Preußen hatte er aus dieser Ehe vier Söhne (Alexander, Konstantin, Nikolaus und Michael) und drei Töchter. In der Regierung des Reichs folgte ihm sein ältester Sohn Alexander II. (geboren 29. April 1818).

§. 49.
Alexander II.

1) Alexander II. hatte eine sorgfältige Erziehung erhalten, und jetzte sich, auf den Thron gelangt, die fortschreitende Entwicklung der geistigen und materiellen Kräfte Rußlands auf dem Wege friedlicher Reformen zur Hauptaufgabe seiner Regierung. In diesem Streben fand er an dem neu ernannten Staatskanzler Fürst Alexander Gortschakow eine umsichtige Unterstützung. Als friedliebender Regent zeigte sich daher Alexander bald zur Beendigung des von seinem Vater ererbten Krimkrieges geneigt, da von Seite der verbündeten Mächte unter billigen Bedingungen eine Verständigung angeboten wurde.

2) Nach kurzen Verhandlungen wurde am 30. März der Friede zu Paris abgeschlossen. Alles eroberte Gebiet wurde zurückgegeben; Rußland trat mit den Donaumündungen einen unbedeutenden Theil von Beßarabien ab. Das Schwarze Meer und die Donau mit ihren Mündungen wurden dem Handel aller Nationen freigegeben; Rußland und die Pforte verpflichteten sich, im Schwarzen Meere keine Seearsenale mehr zu unterhalten und ihre Marine dort auf eine geringe Zahl zu beschränken. Zugleich wurde die Integrität der Türkei von den europäischen Mächten garantirt, und die dort wohnenden Christen unter das gemeinsame Protectorat der Mächte gestellt. — Die Verhältnisse der beiden Donaufürstenthümer, der Moldau und Walachei, wurden durch nachträgliche Conferenzen der Mächte endlich dahin geregelt (Aug. 1858), daß jene als vereinigte rumänische Fürstenthümer eine einheitliche Verfassung und Verwaltung und eine größere Selbstständigkeit erhielten.

3) Seit Herstellung des Friedens ist Kaiser Alexander II. eifrig bestrebt, durch wohlthätige innere Reformen Rußlands Kräfte neu zu stärken und weiter zu entwickeln. Die wichtigste und folgenreichste unter den dahin zielenden Maßregeln ist die vollständige Emancipation des leibeigenen Bauernstandes. Bereits Alexander I. hatte mit einer theilweisen Abschaffung der Leibeigenschaft in den Ostseeprovinzen den Anfang gemacht. Nikol-

laus I. suchte die Stellung der Leibeigenen zu erleichtern insbesondere dadurch, daß ihnen durch kaiserlichen Erlaß (vom März 1848) gestattet wurde, Grundeigenthum zu erwerben. Alexander II. entschloß sich zur vollständigen Befreiung aller Bewohner Rußlands von den bisherigen Fesseln der Leibeigenschaft und Hörigkeit. Bei der Durchführung dieser ebenso humanen als in ihren Folgen politisch wohlthätigen Maßregel ging der Kaiser dem Adel mit gutem Beispiele voran. Zunächst wurden die Bauern auf den kaiserlichen Krongütern, etwa 2 Millionen, völlig freigegeben (Aug. 1859) auch ihnen sehr billige Ablösungsbedingungen gestellt, um die Güter, die sie bisher als Hörige der Krone bebauten, zu Eigenthum zu erwerben. Darauf wurden Abgeordnete des Adels aus allen Provinzen nach Petersburg berufen (Sept. 1859), um über die große Maßregel der Emancipation gehört zu werden. Nach solchen Vorbereitungen erschien am 3. März 1863 das kaiserliche Manifest, durch welches die Aufhebung der Leibeigenschaft im ganzen Reiche verkündigt wurde.

Darnach erhielten die leibeigenen Dienstleute des Adels und ebenso die hörigen Bauern nach Ablauf von zwei Jahren völlige persönliche und bürgerliche Freiheit; zugleich sollten Letztere, über 20 Millionen zählend, die Gehöfte, die sie bisher gegen Abgaben in Nutznießung hatten, durch Ablösung in volles Eigenthum verwandeln können.

4) Ebenfalls wichtig für die friedliche Entwicklung der innern Zustände Rußlands ist die Einführung von Kreis- und Gouvernementsvertretungen (mittelst kaiserlichen Ukas vom 21. Jan. 1864). Jene sollten aus Vertretern des Adels der Städte und der Bauernschaften bestehen, und sich mit den volkswirthschaftlichen und ökonomischen Bedürfnissen der Bezirke beschäftigen.

5) Maßvoll wie im Innern verfuhr in neuester Zeit auch Rußlands Politik nach Außen. Durch friedliche Erwerbungen wurden im östlichen Asien große Vortheile errungen, Rußlands Handel und Machtstellung dort fortwährend erweitert. Durch Verträge mit China (wie zunächst zu Aigun durch Graf Nikolaus Murawjew am 24. Mai 1858 abgeschlossen) wurde ein großer Theil der Mandschurei, das sogen. Amurland, ein Gebiet von etwa 12,000 □.-M., auf dem Chinesen und Russen seit langer Zeit einander feindlich begegneten, an Rußland überlassen, und China selbst dem russischen Handel eröffnet.

Ebenso hatte Rußland auf friedlichem Wege eine Revision des Pariser Friedens vom 30. März 1856 erlangt (Oct. 1870), indem auf einer Conferenz der betheiligten Mächte zu London die lästigen Bestimmungen über die Neutralität des Schwarzen Meeres aufgehoben wurden.

5) Kaiser Alexander II. hatte am 20. September 1862 den tausendjährigen Bestand des russischen Reiches zu Nowgorod

feillich gefeiert. Dieses Reich war seit Peter dem Großen fortwährend im Wachsthum begriffen. Es umfaßt jetzt[1]) in Europa und Asien einen Flächenraum von 389,311 Q.-Meil., ist also mehr als zweimal so groß als ganz Europa. Die Bevölkerung dieses riesigen Reiches wird auf rund 91,900,000 Seelen geschätzt, wovon auf das europäische Rußland 83,658,000, auf Kaukasien 4,545,000, Sibirien 6,159,000, Polen 5,705,000, Finnland 1,843,000 kommen. Diese Bevölkerung ist sehr ungleich vertheilt; sie fällt im europäischen Rußland von 3500 Seelen per Q.-M., als der größten Bevölkerungszahl, bis auf 20 Köpfe per Q.-M. (wie im Gouvernement Archangel).

[1]) Nach officiellen russischen Angaben.

www.ingramcontent.com/pod-product-compliance
Lightning Source LLC
Chambersburg PA
CBHW031405160426
43196CB00007B/899